北交所
上市实务与案例解析

臧其超◎著

广东旅游出版社
GUANGDONG TRAVEL & TOURISM PRESS
悦读书·悦旅行·悦享人生

中国·广州

图书在版编目（CIP）数据

北交所上市实务与案例解析 / 臧其超著. — 广州 ：广东旅游出版社，2023.4

ISBN 978-7-5570-2962-3

Ⅰ．①北… Ⅱ．①臧… Ⅲ．①证券交易所－概况－北京 Ⅳ．①F832.51

中国国家版本馆CIP数据核字(2023)第033481号

出 版 人：刘志松
特约策划：三藏文化
项目执行：徐泽雄
责任编辑：陈晓芬
装帧设计：刘红刚
责任校对：李瑞苑
责任技编：冼志良

北交所上市实务与案例解析
BEIJIAOSUO SHANGSHI SHIWU YU ANLI JIEXI

广东旅游出版社出版发行

（广州市荔湾区沙面北街71号首、二层）

邮 编：510130

电 话：020-87347732（总编室） 020-87348887（销售热线）

印 刷：深圳市和兴印刷发展有限公司

（深圳市龙岗区平湖街道辅城坳社区新工业区A50号A栋）

开 本：889mm×1260mm 32开

字 数：189千字

印 张：8.25

版 次：2023年4月第1版

印 次：2023年4月第1次印刷

定 价：78.00元

序 企业投融资"素描"

俗话说"商场如战场",打仗讲究的是"兵马未动,粮草先行",在商场上"粮草"就是任何企业发展都离不开的资金。大到投资建厂、实施并购,小到采购原材料、日常办公开支、差旅招待等,样样离不开资金投入,而企业经营的基本规律就是先有投入后有产出。一些行业从投入资金到产生收入,乃至收回全部投资需要经历漫长的时间,想要发展壮大,扩大再生产或者启动新业务,还需进一步追加投资。

融资,一直是困扰我国大多数企业,特别是中小企业的难题。我长期从事投融资行业专业咨询和服务工作,在工作之中接触了大量民营企业家,深感企业融资之不易,很多企业家在融资上耗费的时间和精力甚至超过了日常经营业务上,"缺少资金支持""融资成本过高"等融资难题和"盈利难"等经营问题一样严重制约着企业的发展。

为了解决这些难题,国家一方面出台各种政策鼓励银行扩大对中小企业的贷款规模，另一方面积极发展多层次的资本市场，帮助中小企业拓宽融资渠道。2021年9月2日晚，国家重磅宣布：深化新三板改革，设立北京证券交易所，打造服务创新型中小企业主阵地。

北京证券交易所（简称"北交所"），于2021年9月3日注册成立。从宣布设立到正式挂牌开市，北交所的诞生只用了短短的74天，可以说是在全球证交所历史上创造了一个奇迹。

相较于创业板的十年磨一剑、中小板的五年孕育、科创板260天落地，北交所的开市算得上"光速"了。这表明了证券市场深化新三板改革的决心，也是共同富裕在资本市场中的体现。

成立北交所，可以更好地促进创新型中小企业的迅速发展，增强新三板股票的流动性和活跃度，让资本市场更好地服务中小企业，解决中小企业融资难的问题。

我们又一次见证了历史。我作为一名投融资行业从业多年的"老兵"，在北交所成立一年之际，深感推出一本关于北交所上市融资的书籍的必要性，以其范围宽广、浅白易懂、突出重点、强调实操的定位，帮助企业家群体对北交所上市融资的情况、特点、优劣势、适合的企业类型、如何与投资者谈判以及实际操作中的重点问题等建立起整体性的认知体系，旨在引导读者在投融资领域沿着正确的方向前行，少走弯路，少犯错误。本书针对的目标读者是企业家群体、相关专业人员，为读者树立正确的投融资概念、全面并深入了解北交所上市投融资的基本逻辑和条件，以及实务中的关键问题。书中难免有错漏之处，希望专家学者、实践部门同志不吝批评指正！

臧其超

目录

第1章 | 北交所上市概况

北交所是从股转系统分离出来的一个小而精的交易所，支持创新型中小企业发展，带动共同富裕，吸引投资资本入场，带来更多投资机会。

1.1 上市融资概述

　　企业上市融资，是指通过公开发行股票并在依法设立的证券交易场所进行股票交易取得融资的行为。企业在上市前一般会通过首次公开发行股票进行融资，在上市后还可以通过公开或非公开增发股票、发行可转债或优先股等多种形式进行后续融资（俗称"再融资"）。除上市融资外，上市本身对于企业资信提升有很大的帮助，可以毫不夸张地说，上市能够为企业的融资能力带来质的飞跃。

　　企业上市的过程，就是从封闭型企业转变为开放型企业，从非公众企业转变为公众企业的过程。随着企业性质的变化，不仅股东数量将会大量增加，众多的公众投资者还可以通过公开的证券交易市场买进股票成为企业股东，于是企业的事情不再是几个创始人股东的事，而是关系到广大公众投资者乃至全社会的利益的事情。因此，必须建立起与公众企业相匹配的现代企业治理结构和制度，合规经营，规范财务，保护中小股权合法权益，按照真实、准确、完整、及时的原则对影响投资者决策或企业股票价格的信息进行公开披露，并承担与上市企业地位相符的社会责任。

根据股票进行转让的证券交易市场所属区域的不同，上市可分为境内上市和境外上市两种。境内上市就是通常所说的"A股上市"，即在我国的上海、深圳证券交易所发行上市，还包括在2021年新设立的北京证券交易所上市；境外上市则是在美国、英国、日本、新加坡等外国证券交易所或者在中国香港的联合证券交易所上市。

根据构建多层次资本市场结构的目标，我国除了设立北京、上海和深圳证券交易所之外，还有作为全国性证券交易场所的全国中小企业股份转让系统（俗称"新三板"）和各省级行政区域内设立的区域股权交易市场。目前在新三板挂牌的公司被定性为"非上市公众公司"，是介于上市公司与非上市公司之间的一种过渡形态，公司股东人数可以超过200人却不允许公开发行股份，而区域股权交易市场挂牌的公司则属于"非公众公司"。二者通常被称作"挂牌"，与"上市"存在本质上的差异。

1.2 上市融资的意义

上市融资的意义，主要体现在以下几个方面。

首先，通过IPO（首次公开募股）发行股票，企业算是第一次彻底开启了通往资本市场的大门，不仅可以完成第一笔面向社会公众投资者的股权融资，还开辟了丰富的融资渠道。在股权或类股权融资方面，有公开增发、配股、非公开发行、可转债和优先股等多种选择。上市公司股权融资发行难度较小，以二级市场股票价格为基础，非公开发行股票或配股可以有一定折价；在债务融资方面，申请银行贷款或发行企业债、公司债、短期融资券、中期票据、资产支持证券等债务融资工具也更加便利，并且利率相对较低；对于上市公司股东，还可以通过股票质押或发行可交换债券等方式进行融资。

除融资功能以外，上市的另一个巨大优势是企业股票具备了高度的流通性，从而大大提高了企业的市场估值。上市后原股东所持有的股票一般都能直接升值3倍以上，合理运用上市融资发展业务还可以进一步提高股东价值。此外，证券交易所以众多的证券投资者、大量的优质上市公司、公开公平的交易规则、便捷高效的交易机制和巨大的日成交额为上市公司股票提供了活跃的转让平台，股东可以采取集中竞价、大宗交易或协议转让等多种方式进行股票转让。上市公司还可以利用估值优势通过发行股份购买资产进行横向并购扩大规模或进行纵向并购整合上下游产业链。同时，上市还可以提升企业品牌知名度，通过公开信息披露提升企业的信誉，促进企业治理结构优化，实现股权激励等，让企业受益良多。

上市就意味着要规范化，不能偷税漏税或过度避税，还要依法为职工办理社会保险，要按照上市公司治理准则设立董事会秘书、独立董事等职务和审计部等内控部门，相对于不规范的中小企业而言会增加一些成本。上市后股票具有高度流通性，如果过度融资导致控股股东股份占有比例过低，就存在被其他企业或个人恶意收购的风险。上市公司必须满足基本的信息披露要求，如企业的股东背景、业务模式、主要客户和供应商、财务报表等都不再是商业秘密而成为公开信息。上市带来的巨大利益让一些企业经营者迷失了方向，不关心主营业务而醉心于"资本运作"，甚至以身试法大搞内幕交易、操纵股价、财务造假，葬送了企业的前途。上市申请期间，企业尚未享受到"上市红利"却要承担规范成本，任何负面新闻都可能被放大成为媒体和社会关注的焦点。

总体而言，上市给企业带来了巨大的收益，但同时企业也要注意上市的成本和风险。虽然华为、娃哈哈、老干妈等少数优秀企业对上市不感兴趣，但是绝大多数优秀企业都选择了上市。我国是世界上规模较大、发展较快的经济体之一，是全球经济增长主要的贡献力量之一，北京、上海和深圳证券交易所在公司整体质量、估值、交易活跃度等方面均名列前茅，只要具备条件，在本土A股上市是多数境内企业的首选。

1.3 北交所的机遇

北交所是我国内地多层次资本市场中重要的一环。此前我们有"2+1"个交易所，上交所、深交所是两个最常见的交易所。全国中小企业股份转让系统虽然名字中不带交易所的字样，但在定位和功能上等同于交易所。现在北交所来了，算是第四个。如图1-1所示。

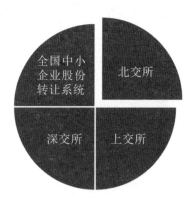

图 1-1　我国内地多层次资本市场

从职能划分上来看，上交所和深交所的绝大多数股票都属于主板市场；上交所中的科创板和深交所中的创业板属于二板市场；全国股转系统属于三板市场，从沪深交易所退市的股票和大量暂不符合到沪深交易所上市的股票在这里上市交易。

股转系统分为三个层次，从低到高依次为基础层—创新层—精选层。为了给股转系统中的优质股票提供更好的融资和发展平台，管理层把股转系统中的精选层拿出来放到专门成立的北交所交易，以后符合股转系统精选层标准的股票都可以直接到北交所上市。在北交所上市的股票，在符合规定条件后可以跳龙门，申请到科创板或创业板上市，如图1-2所示。

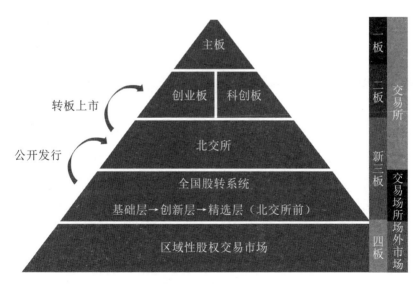

图1-2　我国多层次资本市场示意图

可以说北交所是从股转系统分离出来的一个小而精的交易所，本质上还属于新三板，但是它进一步打通了股票上行的通道，更便于小而精的股票发展。

随着北交所的设立，投融资市场更加火热起来。北交所支持创新型中小企业发展，带动共同富裕，吸引投资资本入场，带来更多投资机会。

1.3.1 扩充投资标的数量

北京证券交易所的设立，意味着在此上市的企业拥有与沪深交易所同样的地位，与沪深股票一样不再以净资产作为衡量企业自身价值的唯一指标，而是有了市值的概念。

在新三板基础层和创新层企业中，同样有很多"专精特"创新型中小企业符合北交所的上市条件，这些都是潜在的价值投资标的。随着我国三四千万家中小企业未来进入黄金发展期，北交所将拥有丰富的资源池和投资标的。

标的企业资源越丰富，市场就越活跃。近期一系列打击垄断的政策也是为了激活创新创业的热情，使投资资本进入中小企业创新创业领域，为创业者创新发展提供资金来源与保障，提升就业率，从而达到共同富裕的目标。

1.3.2 降低投资门槛

新三板是中国第三个全国性证券交易场所，但由于之前个人投资者门槛较高，交易量较小，因此其融资功能未得到完全体现。北交所的设立进一步促进了股权投资等直接融资的发展。在企业既往融资结构中，银行贷款占据了很大的比例，银行机构可能把钱借给不太需要钱的大型企业，而中小企业则很难借到钱。这次北交所的设立，将为广大中小企业引入投资资金，激活了PE（市盈率）\VC（风险投资）投资机构的热情，解决了融资难、融资贵的问题。

目前北交所个人投资者门槛降至50万元，与现行科创板标准一致，这在一定程度上扩大了投资者群体范围，提高了市场参与度和活跃度。

1.3.3 丰富投资手段

对于普通投资者而言，除了直接参与北交所投资，还可以通过新三板或北交所相关基金参与投资。证监会已适度开放了公募基金参与新三板投资的范围，将投资范围限定在精选层股票。2020年6月，首批新三板精选层基金发行。

除精选层公募基金外，投资者还可通过创投机构、私募基金等途径参与北交所投资。2019年前，带"新三板"字样的备案私募基金产品非常低迷，只有1只；截至2021年11月，已进行私募基金备案的产品合计1028只，储备资金量约2万亿元。

第 2 章 | 上市融资

我国对企业 IPO 的审核标准，主板、创业板、科创板和北交所分别执行各自的发行条件，即存在四套发行审核标准。

2.1 IPO 四大板块与北交所上市

相关审核标准是一个庞大的完整体系，涉及内容非常复杂，审核依据也分散在众多相关法律文件、监管问答和内部指导标准中。各套标准都涉及法律、财务和业务三大领域，具体审查内容包括企业基本情况和历史沿革、独立性、业务和技术情况、关联交易和同业竞争、董事监事和高级管理人员、公司治理、财务与会计、业务发展目标、募集资金用途等各个方面。

很多非专业人士经常误把IPO审核标准直接当成财务标准，甚至直接简化为对企业收入或利润的具体指标，这是对发行条件的严重误读。企业上市固然需要以一定的财务指标作为前提，具备一定的规模和盈利能力是企业发行上市的必要条件，但并非充分条件。四套发行审核标准最主要的差异是财务指标要求不同，其他方面要求总体相似，但很多具体标准在细节上仍存在诸多差异。下面以北交所上市条件为基础，结合其他板块条件进行对比分析。

2.1.1 北交所上市条件

1.市值及财务指标

关于财务指标，北交所根据企业的预计市值制定了四套具体标准，至少应符合以下其中一项。

①预计市值不低于2亿元，最近两年净利润均不低于1500万元，加权平均净资产收益率平均不低于8%；或者最近一年净利润不低于2500万元，加权平均净资产收益率不低于8%。

②预计市值不低于4亿元，最近两年营业收入平均不低于1亿元，最近一年营业收入增长率不低于30%，且最近一年经营活动产生的现金流量净额为正。

③预计市值不低于8亿元，最近一年营业收入不低于2亿元，且最近两年研发投入占最近两年营业收入比例不低于8%。

④预计市值不低于15亿元，且最近两年研发投入合计不低于5000万元。

2.其他条件

（1）主体条件

发行人为在全国股转系统连续挂牌满12个月的创新层挂牌公司。

（2）股权分散度

①最近一年期末净资产不低于5000万元。

②公开发行的股份不少于100万股，发行对象不少于100人。

③公开发行后，公司股本总额不少于3000万元；公司股东人数不少于200人，公众股东持股比例不低于公司股本总额的25%；公司股本总额超过4亿元的，公众股东持股比例不低于公司股本总额的10%。

（3）不存在下列情形

①最近36个月内，发行人及其控股股东、实际控制人存在贪污、贿赂、侵占财产、挪用财产或者破坏社会主义市场经济秩序的刑事犯罪，存在欺诈发行、重大信息披露违法或者其他涉及国家安全、公共安全、生态安全、生产安全、公众健康安全等领域的重大违法行为。

②最近12个月内，发行人及其控股股东、实际控制人、董事、监事、高级管理人员受到中国证监会及其派出机构行政处罚，或因证券市场违法违规行为受到全国股转公司、证券交易所等自律监管机构公开谴责。

③发行人及其控股股东、实际控制人、董事、监事、高级管理人员因涉嫌犯罪正被司法机关立案侦查或涉嫌违法违规正被中国证监会及其派出机构立案调查，尚未有明确结论。

④发行人及其控股股东、实际控制人被列入失信被执行人名单且情形尚未消除。

⑤最近36个月内，未按照《证券法》和中国证监会的相关规定在每个会计年度结束之日起4个月内编制并披露年度报告，或者

未在每个会计年度的上半年结束之日起2个月内编制并披露中期报告。

⑥中国证监会和北交所规定的，对发行人经营稳定性、直接面向市场独立持续经营的能力具有重大不利影响，或者存在发行人利益受到损害等其他情形。

（4）表决权差异安排

发行人具有表决权差异安排的，该安排应当平稳运行至少一个完整会计年度，且相关信息披露和公司治理应当符合中国证监会及全国股转公司相关规定。

（5）行业限制

①产能过剩行业。

②《产业结构调整指导目录》中规定的限制类、淘汰类行业。

③金融业、房地产业、学前教育、学科类培训行业的金融和类金融企业。

2.1.2 与其他板块异同点对比

1.市值及财务指标

（1）创业板

创业板上市以不存在表决权差异安排的企业为例，市值及财务指标应至少符合下列标准中的一项。

①最近两年净利润均为正，且累计净利润不低于5000万元。

②预计市值不低于10亿元，最近一年净利润为正且营业收入不低于1亿元。

③预计市值不低于50亿元，且最近一年营业收入不低于3亿元。

（2）科创板

科创板上市以不存在表决权差异安排的企业为例，市值及财务指标应当至少符合下列标准中的一项。

①预计市值不低于10亿元，最近两年净利润均为正且累计净利润不低于5000万元，或者预计市值不低于10亿元，最近一年净利润为正且营业收入不低于1亿元。

②预计市值不低于15亿元，最近一年营业收入不低于2亿元，且最近三年累计研发投入占最近三年累计营业收入的比例不低于15%。

③预计市值不低于20亿元，最近一年营业收入不低于3亿元，且最近三年经营活动产生的现金流量净额累计不低于1亿元。

④预计市值不低于30亿元，且最近一年营业收入不低于3亿元。

⑤预计市值不低于40亿元，主要业务或产品需经国家有关部门批准，市场空间大，目前已取得阶段性成果。

（3）主板

主板上市发行人应当同时满足下列指标。

①最近3个会计年度净利润均为正数且累计超过3000万元。

②最近3个会计年度经营活动产生的现金流量净额累计超过5000万元；或者最近3个会计年度营业收入累计超过3亿元。

2.其他条件

（1）基本情况和历史沿革

①发行人为我国境内依法成立的股份有限公司，且自股份有限公司成立后持续经营时间在3年以上。有限责任公司按原账面净资产值折股整体变更为股份有限公司的，持续经营时间可以从有限责任公司成立之日起计算。

②发行人的股权清晰稳定，不存在"委托持股"或"股份代持"，不存在"职工持股会"或"工会"股东，控股股东和受控股股东、实际控制人支配的股东持有的发行人股份不存在重大权属纠纷或较大比例被质押、冻结的情形，经"穿透核查"后最终股东数量不超过200人。本条的例外情况是曾依法募集设立的股份公司和新三板企业股东允许超过200人，符合规定的资管产品和职工持股计划在计算股东人数时不需要"穿透"。主板最近3年内实际控制人没有发生变更，创业板、科创板和北交所最近2年内实际控制人没有发生变更。

③发行人的注册资本已足额缴纳，历次用作出资的资产的财产权转移手续已办理完毕，非货币出资未依法评估、出资不实等问题已经妥善解决，且不构成严重虚假出资、抽逃出资行为，主要资产不存在重大权属瑕疵或纠纷。

④公司系国有企业或集体企业改制的，应符合《国有资产管理法》及相关规定的条件和程序，程序存在瑕疵的，应当取得省级政府或国资管理部门的批复。

⑤公司为外商投资企业的，设立和变更符合外商投资企业法相关规定，并取得商务部门相关批复。

⑥公司系原境外上市公司私有化退市的，上市期间及退市过程应当符合原上市地相关法律制度。

⑦公司系新三板挂牌企业摘牌或停牌（A股IPO审核通过后摘牌）的，挂牌期间及摘牌过程应当符合新三板相关制度规定。

（2）独立性

①业务独立。具有完整的业务流程、独立的生产经营场所以及独立的采购、销售系统，不存在影响发行人独立性的重大或频繁的关联交易。

②资产独立。具备完整、合法的财产权属，资产不存在重大法律纠纷或潜在纠纷，不存在资产被控股股东或实际控制人及其关联方控制和占用的情况。

③人员独立。高管人员不得在控股股东、实际控制人及其控制的其他企业中担任除董事、监事以外的其他职务或领取薪酬，财务人员不得在控股股东、实际控制人及其控制的其他企业中兼职，发行人的员工劳动、人事、工资报酬以及相应的社会保障关系应独立管理。

④财务独立。设立独立的财务会计部门、建立独立的会计核

算体系，具有规范的财务会计制度和对分公司、子公司的财务管理制度，独立进行财务决策、独立在银行开户、独立纳税等。

⑤机构独立。发行人的机构与控股股东或实际控制人完全分开且独立运作，完全拥有机构设置自主权等，不存在混合经营、合署办公的情形。

（3）业务和技术情况

①发行人的生产经营符合法律、行政法规和公司章程的规定，符合国家产业政策。公司应在登记的经营范围内从事生产经营活动，从事特许经营行业的公司应依法取得行业主管部门颁发的经营许可证。

②主板发行人最近3年内主营业务没有发生重大变化，创业板和科创板发行人应主要经营一种业务，且最近2年内主营业务没有发生重大变化，北交所要求发行人主营业务明确，且最近2年内未发生重大变化。

③某些特定产业，如房地产、类金融、网络游戏等产业，目前不鼓励通过IPO在A股上市，创业板和科创板发行人所属行业应当符合该板块定位。目前创业板对行业要求已经较为宽松，而科创板仍限于新一代信息技术、高端装备、新材料、新能源、节能环保以及生物医药等高新技术产业和战略性新兴产业中科技先进并具备自主研发能力的企业；北交所要求企业具备创新特征，明确禁止金融业、房地产业、学前教育、学科培训类企业上市。

④除企业整体规模实力和盈利能力均较强的金融等行业外，

发行人应在所属行业内具有较突出的市场地位和核心竞争力。

⑤发行人研发、采购、生产、销售等业务模式符合法律法规和行业特点，业务模式与同行业企业存在巨大差异或报告期内（IPO申报前三年及一期）业务模式发生重大变化的，应当能够说明其具有合理原因并提供充分证明。

⑥发行人不得有下列影响持续盈利能力的情形：发行人的经营模式、产品或服务的品种结构已经或者将发生重大变化，并对发行人的持续盈利能力构成重大不利影响；发行人的行业地位或发行人所处行业的经营环境已经或者将发生重大变化，并对发行人的持续盈利能力构成重大不利影响；发行人最近1个会计年度的营业收入或净利润对关联方或者存在重大不确定性的客户存在重大依赖；发行人最近1个会计年度的净利润主要来自合并财务报表范围以外的投资收益；发行人在用的商标、专利、专有技术以及特许经营权等重要资产、技术的取得或者使用存在重大不利变化的风险；其他可能对发行人持续盈利能力构成重大不利影响的情形。

（4）关联交易和同业竞争

①发行人与控股股东、实际控制人及其控制的关联企业之间不存在同业竞争。同业竞争，是指企业之间由于经营相同或相近的行业导致互相存在竞争关系。

②发行人与关联方之间的关联交易价格公允，不存在通过关联交易操纵利润的情形。

③关联交易的发生应当具有必要性，并依法履行相应的决策

程序，关联董事及股东应当回避表决。

④关联交易所占的比例不影响发行人业务的独立性，且在报告期内应当规范和减少关联交易的比例。

（5）董事、监事和高级管理人员

①主板发行人最近3年内董事、高级管理人员没有发生重大变化，创业板、科创板和北交所最近2年内董事、高级管理人员没有发生重大变化。

②发行人的董事、监事和高级管理人员符合法律、行政法规和规章规定的任职资格，且不得有下列情形：被中国证监会采取证券市场禁入措施尚在禁入期的；最近36个月内受到中国证监会行政处罚，或者最近12个月内受到证券交易所公开谴责；因涉嫌犯罪被司法机关立案侦查或者涉嫌违法违规被中国证监会立案调查，尚未有明确结论意见。

（6）公司治理

①发行人已经依法建立健全股东大会、董事会、监事会、独立董事、董事会秘书制度，相关机构和人员能够依法履行职责。

②发行人的公司章程中已明确对外担保的审批权限和审议程序，不存在为控股股东、实际控制人及其控制的其他企业进行违规担保的情形。

③发行人有严格的资金管理制度，不得有资金被控股股东、实际控制人及其控制的其他企业以借款、代偿债务、代垫款项或者其他方式占用的情形。

④发行人依法为员工办理社会保险和住房公积金。

⑤发行人及控股股东、实际控制人最近36个月内不存在重大违法行为；不存在涉嫌犯罪正被司法机关立案侦查或涉嫌违法违规正被中国证监会立案调查尚未有明确结论意见的情形；不存在严重损害投资者合法权益和社会公共利益的其他情形。

（7）财务与会计

①发行人的内部控制制度健全且被有效执行，能够合理保证财务报告的可靠性、生产经营的合法性、营运的效率与效果，由注册会计师出具了无保留结论的内部控制鉴证报告。

②发行人资产质量良好，资产负债结构合理，盈利能力较强，现金流量正常，各项财务指标符合行业特点。对于异常的财务数据和指标，能够说明其具有合理原因并提供充分证明。

③发行人会计基础工作规范，财务报表的编制符合企业会计准则和相关会计制度的规定，在所有重大方面公允地反映了发行人的财务状况、经营成果和现金流量，并由注册会计师出具了无保留意见的审计报告。

④发行人依法纳税，各项税收优惠符合相关法律法规的规定。发行人的经营成果对不具有可持续性的税收优惠和其他非经常性损益不存在严重依赖。

⑤发行人不存在重大偿债风险，不存在影响持续经营的担保、诉讼以及仲裁等或有事项。

（8）业务发展目标

①发行人已经建立清晰、明确、具体的发展战略，包括战略目标和实现战略目标的依据、步骤、方式、手段及各方面的行动计划。

②与竞争对手相比较，发行人的发展战略具备合理性和可行性。

（9）募集资金用途

①募集资金应当有明确的用途，原则上用于发行人主营业务，不应当用于财务性投资或者跨行业经营。除银行、证券等金融企业外不得主要用于补充流动资金或偿还银行贷款等。

②募集资金投资项目应当符合国家产业政策，有利于保持和提升发行人的持续盈利能力，投资回收期和资金投入产出关系合理，投资项目用地、立项备案或批复、环境影响评价批复已经落实。

③募集资金投资项目不会导致发行人产生同业竞争或增加关联交易。

以上是对A股IPO发行条件的概括总结，实际涉及每一条还有很多具体情况复杂的认定标准，最终还要将企业各方面的有利或不利条件放回整体层面进行综合判断。

2.1.3 审核程序

从审核程序上看，主板上市实行的是审核制，其过程需要经历申报和证监会受理、预审员审核、发行部审核、发审委审核、证监会决定核准或不核准五个阶段。

IPO发行人提交申请材料并获得证监会受理后，由证监会预审员审核书面材料，提出反馈意见，发行人和中介机构对反馈问题进行书面回复。反馈关注问题均已充分解释说明并根据反馈情况修改补充了申请材料后，由证监会发行部召开初审会对项目进行审核。证监会发行审核委员会委员由中国证监会的专业人员和中国证监会外的有关专家组成，由中国证监会聘任。通过初审会后，从发行审核委员会中选取委员召开发审会审议，发行部将申请材料和初审会关注的问题提交给参与审核的发审委委员，发行人及保荐机构代表应当出席发审会回答委员的问题。发审委审核通过后，发行人根据发审会审核意见对申请材料进行修改补充，如未发生导致发行人不符合发行条件的重大会后事项，则证监会根据发审委审核结果做出批准的决定。

科创板、创业板、北交所上市采取注册制，审核重心在交易所，但基本流程相似，经历申请和交易所受理、交易所审核机构问询、交易所上市委员会审议、交易所提交证监会注册、证监会注册或不予注册五个阶段。

注册制发行审核标准是涉及对企业全方位考察和综合判断的一个体系，而不是几个简单明确的量化指标，能够通过发行部初审会并提交给发审委的项目都是不可能存在明显违反发行条件"硬伤"的，最终发审委的审核结果充分体现了审核人员自身综合因素对项目作出专业判断，同时遵循少数服从多数的原则，委员们在相关法律法规和监管规则框架内，根据国家宏观经济政策、产业政策、区域政策和金融政策指导，运用专业知识对发行人作出综合评价，最终形成同意或不同意其发行上市的意见。

2.2 北交所融资

2021年11月15日，北京证券交易所正式开市。开市当天有81只股票交易，10只为新股，71只为精选层平移股票。

2.2.1 融资概况

北交所开市当天，71只精选层平移股票继续实施30%涨跌幅限制，新股上市首日不设涨跌幅限制。10只新股集体上涨，盘中触发两次临停，当日涨幅均超100%，最高的"N同心"涨幅接近500%。开市三天内，北交所累计新开户29.5万户，全市场合格投资者共计432万户，前三天股票成交额近170亿元。

表2-1为北交所股票发行融资情况统计表，结合北交所发布的《北京证券交易所2021年市场统计快报》，相关数据包含了2021年1月1日至11月12日精选层公司的数据。根据统计数据，2021年11月15日至12月31日期间，共11家公司（不含精选层平移股票）公开发行进入北交所，融资金额75.22亿元。

表 2-1　北交所股票发行融资情况统计表

市场规模	
上市公司家数	82
总股本（亿股）	122.69
总市值（亿元）	2722.75
股票发行	
发行次数	41
发行股数（亿股）	8.22
融资金额（亿元）	75.22
股票交易	
成交金额（亿元）	1609.80
成交数量（亿股）	95.86
换手率（%）	206.50
市盈率（倍）	46.66

数据来源：《北京证券交易所 2021 年市场统计快报》

2.2.2 企业融资

　　截至 2022 年 1 月末，北交所上市公司共 84 家。表 2-2 将各公司的融资情况简要统计如下。

表 2-2　北交所各公司融资情况统计表

序号	代码	名称	行业种类	实际融资金额合计（元）	市盈率（倍）
1	430047	诺思兰德	其他生物制品	4.60 亿	-135.18
2	430090	同辉信息	IT 服务	1.57 亿	395.02
3	430198	微创光电	计算机设备Ⅲ	3.03 亿	108.25
4	430418	苏轴股份	汽车零部件Ⅲ	1.56 亿	19.64
5	430489	佳先股份	其他化学原料	2.84 亿	23.55
6	430510	丰光精密	金属制品	9473.00 万	52.88
7	830799	艾融软件	软件开发	2.80 亿	52.39
8	830832	齐鲁华信	非金属材料Ⅲ	3.01 亿	17.13

续表

序号	代码	名称	行业种类	实际融资金额合计（元）	市盈率（倍）
9	830839	万通液压	工程机械	1.39 亿	27.28
10	830946	森萱医药	原料药	9.03 亿	57.28
11	830964	润农节水	农业综合	4.47 亿	22.75
12	831010	凯添燃气	燃气III	4.40 亿	22.22
13	831039	国义招标	专业服务	1.93 亿	16.44
14	831305	海希通讯	工控设备	3.76 亿	22.78
15	831370	新安洁	固废治理	5.73 亿	33.79
16	831445	龙竹科技	其他家用轻工	2.38 亿	32.86
17	831726	朱老六	调味发酵品	2.59 亿	29.9
18	831768	拾比佰	其他白色家电	3.49 亿	18.55
19	831832	科达自控	能源及重型设备	3.38 亿	96.4
20	831856	浩淼科技	工程机械	1.56 亿	28.2
21	831961	创远仪器	其他通信设备	3.55 亿	63.12
22	832000	安徽凤凰	汽车零部件III	2.03 亿	19.21
23	832089	禾昌聚合	改性塑料	3.41 亿	18.56
24	832145	恒合股份	环保设备	2.27 亿	70.8
25	832171	志晟信息	IT服务	1.65 亿	295.18
26	832225	利通科技	其他橡胶制品	1.26 亿	20.03
27	832278	鹿得医疗	医疗设备	2.18 亿	47.69
28	832317	观典防务	航空装备	6.92 亿	63.65
29	832566	梓橦宫	化学制剂	2.37 亿	17.76
30	832735	德源药业	化学制剂	3.34 亿	22.44
31	832885	星辰科技	工控设备	1.79 亿	63.45
32	833266	生物谷	中药III	4.13 亿	31.42
33	833427	华维设计	工程咨询服务	2.18 亿	17.89
34	833454	同心传动	汽车零部件III	1.34 亿	51.61
35	833509	同惠电子	仪器仪表III	1.66 亿	54.08
36	833523	德瑞锂电	电池	2.08 亿	48.11
37	833819	颖泰生物	农药	28.71 亿	18.29
38	833873	中设咨询	工程咨询服务	2.22 亿	358.15
39	833874	泰祥股份	汽车零部件III	2.46 亿	25.06
40	833994	翰博高新	LED	7.85 亿	29.61
41	834021	流金岁月	有线电视网络	3.95 亿	34.12
42	834415	恒拓开源	软件开发	4.63 亿	39.28
43	834475	三友科技	其他专用设备	1.53 亿	32.25

续表

序号	代码	名称	行业种类	实际融资金额合计（元）	市盈率（倍）
44	834599	同力股份	工程机械	5.10亿	13.51
45	834682	球冠电缆	线缆部件及其他	3.64亿	23.3
46	834765	美之高	家具	1.67亿	36.48
47	835174	五新隧装	能源及重型设备	1.24亿	18.2
48	835184	国源科技	IT服务	5.39亿	773.48
49	835185	贝特瑞	电池	26.92亿	49.42
50	835305	云创数据	计算机设备Ⅲ	5.28亿	58.17
51	835368	连城数控	光伏设备	8.73亿	100.77
52	835508	殷图网联	其他自动化设备	1.06亿	-284.53
53	835640	富士达	通信网络设备及器件	2.53亿	42.33
54	835670	数字人	其他医疗服务	1.53亿	260.49
55	836077	吉林碳谷	其他纤维	3.34亿	76.55
56	836149	旭杰科技	工程咨询服务	1.35亿	35.16
57	836239	长虹能源	电池	3.40亿	39.63
58	836260	中寰股份	工控设备	1.42亿	46.87
59	836263	中航泰达	大气治理	2.81亿	54.23
60	836433	大唐药业	中药Ⅲ	3.41亿	43.55
61	836675	秉扬科技	非金属材料Ⅲ	2.68亿	25.63
62	836720	吉冈精密	工程机械	2.64亿	43.5
63	836826	盖世食品	其他食品	9739.60万	33.74
64	836892	广咨国际	工程咨询服务	1.04亿	26.37
65	837092	汉鑫科技	软件开发	1.74亿	37.24
66	837212	智新电子	消费电子零部件及组装	1.78亿	28.38
67	837242	建邦科技	汽车零部件Ⅲ	2.49亿	19.51
68	837344	三元基因	其他生物制品	2.93亿	131.24
69	838030	德众汽车	汽车服务Ⅲ	2.32亿	22.02
70	838163	方大股份	包装	2.18亿	25.31
71	838275	驱动力	动物保健	1.30亿	28.5
72	838924	广脉科技	通信服务Ⅲ	1.29亿	38.79
73	839167	同享科技	光伏设备	1.43亿	38.05
74	839680	广道高新	软件开发	2.58亿	27.14
75	839729	永顺生物	动物保健	1.66亿	42.04
76	839946	华阳变速	汽车零部件Ⅲ	1.94亿	25.33

续表

序号	代码	名称	行业种类	实际融资金额合计（元）	市盈率（倍）
77	870204	沪江材料	包装	1.95 亿	6.48
78	870436	大地电气	汽车零部件Ⅲ	2.65 亿	30.57
79	871245	威博液压	工程机械	1.26 亿	7.29
80	871396	常辅股份	其他自动化设备	6442.52 万	25.44
81	871553	凯腾精工	电子化学品Ⅲ	6135.40 万	33.22
82	871642	通易航天	航空装备	9789.97 万	56.61
83	871981	晶赛科技	被动元件	2.80 亿	42.55
84	872925	锦好医疗	医疗设备	2.21 亿	51.81

数据来源：同花顺

2.3 发行承销

本节从制度规则的角度，对北交所上市发行承销环节进行简要介绍，为企业家、投资者了解发行承销环节流程和具体规定等内容提供参考和借鉴。

2.3.1 制度概述

北交所关于发行承销的主要规定是《北京证券交易所证券发行与承销管理细则》，该细则共六章，包括总则、定价与配售、证券承销、信息披露、监管措施和违规处分、附则。细则扩大了承销制度的适用范围，对余股配售规则进行调整。发行承销制度是本次设立北交所并试点注册制基础制度的重要组成部分。

1.定价机制

北交所公开发行股票允许发行人与主承销商根据发行人基本情况和市场环境等，自主选择直接定价、竞价或询价等方式确定发行价格，提高发行效率，实现市场化定价。

2.申购方式

北交所设立初期，公开发行并上市网上申购仍采用全额资金缴付机制，后期根据制度运行情况和市场需求择机选用保证金申购、市值申购或其他申购方式，促进公开发行顺利实施，维护市场平稳运行。

3.余股配售

北交所网上申购按比例配售，不足100股的余股按照"申购数量优先、数量相同的时间优先"原则依次配售100股。网上投资者有效申购总量大于网上发行数量时，根据网上发行数量和有效申购总量的比例计算各投资者获得配售股票的数量。其中不足100股的部分，汇总后按"申购数量优先、数量相同的时间优先"原则向每个投资者依次配售100股，直至无剩余股票。

4.战略配售范围

北交所公开发行并上市允许发行人引入战略投资者，发挥价值引导效应，提高发行效率。允许高管和核心员工通过资产管理计划、员工持股计划等参与战略配售。

5.超额配售选择权

北交所股票公开发行坚持市场化定价，允许主承销商与发行人自主协商确定采用超额配售选择权稳定后市价格，有利于价格稳定。采用超额配售选择权发行股票数量不得超过公开发行股票数量的15%。

2.3.2 具体制度安排

北交所发行承销细则明确了证券发行承销的主体制度安排，具体包括以下几点。

1.定价

北交所公开发行可以通过发行人和主承销商自主协商直接定价、合格投资者网上竞价或网下询价等方式确定发行价格。发行人和主承销商应当在发行方案中说明本次发行采用的定价方式，并在招股文件和发行公告中披露。

2.余股配售

北交所网上投资者有效申购总量大于网上发行数量时，根据网上发行数量和有效申购总量的比例计算各投资者获得配售股票的数量。其中不足100股的部分，汇总后按"申购数量优先、数量相同的时间优先"原则向每个投资者依次配售100股，直至无剩余股票。

3.配售比例限制

在北交所上市发行股票的公司，拟发行数量不得超过本次发行前股本总额的30%；上市公司向原股东配售股份的，拟配售股份数量不得超过本次配售前股本总额的50%。

4.战略配售

在北交所公开发行并上市的，可以向战略投资者配售股票，战略投资者不得超过10名。公开发行股票数量在5000万股以上的，战略投资者获得配售的股票总量原则上不得超过本次公开发行股票数量的30%，超过的应当在发行方案中充分说明理由。公开发行股票数量不足5000万股的，战略投资者获得配售的股票总量不得超过本次公开发行股票数量的20%。

战略投资者本次获得配售的股票持有期限应当不少于6个月，持有期自本次发行的股票在本所上市之日起计算。

经发行人董事会审议通过，发行人高级管理人员与核心员工可以通过专项资产管理计划、员工持股计划等参与战略配售，获配的股票数量不得超过本次公开发行股票数量的10%，且股票持有期限不得少于12个月。

5.超额配售选择权

在北交所公开发行股票的，发行人和主承销商可以采用超额配售选择权。采用超额配售选择权发行股票数量不得超过本次公开发行股票数量的15%。

2.4 再融资

本节从定向发行、可转债、优先股、注册流程等几个角度，对北交所上市企业再融资进行了简要介绍，对企业家了解再融资规定和流程等内容提供参考和借鉴。

2.4.1 定向发行

定向发行是指上市公司向有限数目的资深机构或个人投资者发行股票。北交所上市公司向特定对象发行股票，应当符合下列规定。

①具备健全且运行良好的组织机构。

②具有独立、稳定经营能力，不存在对持续经营有重大不利影响的情形。

③最近一年财务会计报告无虚假记载，未被出具否定意见或无法表示意见的审计报告；最近一年财务会计报告被出具保留意见的审计报告，保留意见所涉及事项对上市公司的重大不利影响已经消除。

④合法规范经营，依法履行信息披露义务。

此外，上市公司及其控股股东、实际控制人、主要股东不得向发行对象做出保底保收益或者变相保底保收益承诺，也不得直接或者通过利益相关方向发行对象提供财务资助或者其他补偿，且不得存在下列禁止性事项。

①上市公司或其控股股东、实际控制人最近三年内存在贪污、贿赂、侵占财产、挪用财产或者破坏社会主义市场经济秩序的刑事犯罪，存在欺诈发行或者重大信息披露违法或者其他涉及国家安全、公共安全、生态安全、生产安全、公众健康安全等领域的重大违法行为。

②上市公司或其控股股东、实际控制人，现任董事、监事、高级管理人员最近一年内受到中国证监会行政处罚、北交所公开谴责；或正被中国证监会立案调查，尚未有明确结论意见。

③擅自改变募集资金用途，未作纠正或者未经股东大会认可。

④上市公司或其控股股东、实际控制人被列入失信被执行人名单且情形尚未消除。

⑤上市公司利益严重受损的其他情形。

2.4.2 可转债

可转换债券是债券持有人可按照发行时约定的价格将债券转换成公司的普通股票的债券。如果债券持有人不想转换，则可以继续持有债券，直到偿还期满时收取本金和利息，或者在流通市场出售变现。如果持有人看好发债公司股票增值潜力，在宽限期之后可以行使转换权，按照预定转换价格将债券转换成为股票，发债公司不得拒绝。

北交所上市公司发行可转债具体规定如下。

1.认购价格

向特定对象发行可转债的转股价格应当不低于认购邀请书发出前20个交易日上市公司股票交易均价和前一个交易日的均价，且不得向下修正，发行可转债购买资产的除外。

2.程序要求

上市公司董事会审议向特定对象发行可转债有关事项时，应当不存在尚未完成的股票发行、可转债发行、收购、股份回购事宜。

上市公司股东大会就可转债发行作出的决议，至少应当包括下列事项。

①本次发行证券的种类和数量（数量上限）；

②发行方式、发行对象或范围、现有股东的优先认购安排（如有）；

③定价方式或者价格区间；

④债券利率；

⑤债券期限；

⑥赎回条款；

⑦回售条款；

⑧还本付息的期限和方式；

⑨转股期；

⑩转股价格的确定和修正；

⑪限售情况；

⑫募集资金用途；

⑬对董事会办理本次可转债发行具体事宜的授权；

⑭决议的有效期；

⑮其他必须明确的事项。

3.转让

可转债以100元面值为1张，申报价格最小变动单位为0.001元。可转债的转让申报数量应为10张或其整数倍，且单笔转让数量不低于1000张或者转让金额不低于10万元。卖出时余额不足1000张且转让金额低于10万元的，应当一次性申报卖出。

可转债采用全价转让方式并实行当日回转。

投资者可以采用定价委托、成交确认委托方式委托北交所会员买卖可转债。

每个交易日的9:30至11:30和13:00至15:00为可转债转让的成交确认时间。

4.转股

上市公司应当按照约定向可转债持有人换发股票，可转债持有人对转换股票或者不转换股票有选择权。

向特定对象发行可转债转股的，所转股票自可转债发行结束之日起18个月内不得转让。

5.赎回

可转债募集说明书可以约定赎回条款。在赎回条件满足时，上市公司可以按照约定的条件和价格行使赎回权，也可以不行使赎回权。行使赎回权的，可以赎回全部或部分未转股的可转债。

6.回售

可转债募集说明书可以约定回售条款。回售条件满足时，债券持有人可以按照约定的条件和价格行使回售权，也可以不行使回售权。行使回售权的，可以回售全部或部分未转股的可转债。

上市公司改变公告的募集资金用途或者股票终止上市的，应当在股东大会审议通过相关决议后20个交易日内，赋予债券持有人1次回售的权利。

7.信息披露

投资者持有上市公司已发行的可转债达到发行总量的20%时，应当在事实发生之日起两个交易日内通知公司予以公告。持有上市公司已发行的可转债20%及以上的投资者，其所持公司已发行的可转债比例每增加或减少10%时，应当按照前款规定履行通知公告义务。

2.4.3 优先股

依据公司法规定，优先股是在一般规定的普通种类股份之外，另行规定的其他种类股份，其股份持有人优先于普通股股东分配公司利润和剩余财产，但参与公司决策管理等权利受到限制。

北交所发行优先股的有关规定如下。

1.程序性事项

北交所上市公司申请向特定对象发行优先股，应当聘请具有证券承销和保荐业务资格的证券公司承销与保荐。上市公司董事会提前确定全部发行对象的，无须由证券公司承销。

北交所上市公司应当按照《优先股试点管理办法》的规定召开董事会、股东大会，履行表决权回避制度，对向特定对象发行优先股的相关事项作出决议，并修改公司章程，明确优先股股东参与利润和剩余财产分配、优先股股东的表决权限制与恢复、优先股的回购等事项。

2.发行价格

北交所优先股发行价格和票面股息率应当公允、合理，不得损害股东或其他利益相关方的合法利益，发行价格不得低于优先股票面金额。

向特定对象发行优先股的票面股息率不得高于最近2个会计年度的加权平均净资产收益率。

3.转让

北交所优先股申报价格最小变动单位为0.01元。买卖优先股的申报数量应当为1000股或其整数倍；卖出优先股时，余额不足1000股部分，应当一次性申报卖出。

每个交易日的9：30至11：30和13：00至15：00为优先股转让的成交确认时间。

4.分次发行

北交所上市公司向特定对象发行优先股，可以申请一次注册，分次发行，不同次发行的优先股除票面股息率条款外，其他条款应当相同。自中国证监会同意注册之日起，公司应当在6个月内实施首次发行，剩余数量应当在24个月内发行完毕。首次发行数量应当不少于总发行数量的50%，剩余各次发行的数量由公司自行确定。

5.信息披露

北交所投资者持有上市公司已发行的优先股达到该公司优先股股本总额的20%时，应当在该事实发生之日起2个交易日内向北交所报告，并予以公告。

持有上市公司已发行的优先股占该公司优先股股本总额20%以上的投资者，其所持上市公司已发行的优先股比例每增加或者减少10%时，应当在该事实发生之日起2个交易日内履行报告和公告义务。

2.4.4 注册流程

1.一般程序

上市公司申请发行证券，由保荐人保荐并向北交所申报。北交所收到注册申请文件后，应当在5个工作日内作出是否受理的决定。北交所发行上市审核机构自受理之日起15个工作日内，通过审核系统发出首轮审核问询。北交所自受理注册申请文件之日起2个月内形成审核意见。中国证监会在15个工作日内对上市公司的注册申请作出同意注册或不予注册的决定。北交所上市审核与注册流程，如图2-1所示。

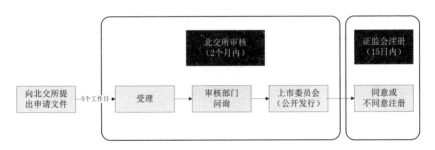

图 2-1 北交所上市审核与注册流程

2.简易程序（授权发行）

北交所上市公司适用简易程序发行股票的，应当在经年度股东大会授权的董事会审议，以竞价方式确定发行价格和发行对象，并与发行对象签订认购合同，经董事会对发行事项作出决议。

上市公司采用简易程序（授权发行）方式向特定对象发行股票且按照竞价方式确定发行价格和发行对象的，北交所应当在2个工作日内作出是否受理的决定，并自受理注册申请文件之日起3个工作日内形成审核意见。

3.自办发行

北交所上市公司向前十名股东、实际控制人、董事、监事、高级管理人员及核心员工定向发行股票，连续12个月内发行的股份未超过公司总股本10%且融资总额不超过2000万元的，无须提供证券公司出具的保荐文件以及律师事务所出具的法律意见书。由董事会决议明确发行对象、发行价格和发行数量。

4.其他规定

北交所上市公司向特定对象发行股票的，发行价格应当不低于定价基准日前20个交易日公司股票均价的80%。

上市公司申请向特定对象发行股票，可申请一次注册，分期发行。自中国证监会予以注册之日起，公司应当在3个月内首期发行，剩余数量应当在12个月内发行完毕。首期发行数量应当不少于总发行数量的50%，剩余各期发行的数量由公司自行确定，每期发行后5个工作日内将发行情况报北交所备案。

2.5 并购重组

并购重组是搞活企业、盘活企业资产的重要途径，是实现企业资产证券化的一条重要通道。并购重组是上市公司将优质资产注入，实现企业增值的过程。重组方式包括现金购买资产或者发行股份购买资产。因发行股份涉及对外募集资金的过程，即通过公开融资渠道，实现企业对特定资产的投资，因此并购重组也是广义投融资活动的一种表现形式。

2.5.1 重组标准与条件

1.现金重组

上市公司及其控股或者控制的企业购买、出售资产，达到下列标准之一的，构成重大资产重组。

①购买、出售的资产总额占上市公司最近一个会计年度经审计的合并财务会计报告期末资产总额的比例达到50%以上。

②购买、出售的资产在最近一个会计年度所产生的营业收入

占上市公司同期经审计的合并财务会计报告营业收入的比例达到50%以上，且超过5000万元。

③购买、出售的资产净额占上市公司最近一个会计年度经审计的合并财务会计报告期末净资产额的比例达到50%以上，且超过5000万元。

上市公司使用现金购买与主营业务和生产经营相关的土地、厂房、机械设备等，充分说明合理性和必要性的，可以视为日常经营行为，不纳入重大资产重组管理。

2.发行股份购买资产

上市公司发行股份购买资产，应当符合下列规定。

①本次交易有利于提高上市公司资产质量、改善财务状况和增强持续盈利能力，有利于上市公司减少关联交易、避免同业竞争、增强独立性。

②上市公司最近一年及一期财务会计报告被注册会计师出具无保留意见的审计报告。

③上市公司及其现任董事、高级管理人员不存在因涉嫌犯罪正被司法机关立案侦查或涉嫌违法违规正被中国证监会立案调查的情形。

④上市公司发行股份所购买的资产为权属清晰的经营性资产，并能在约定期限内办理完毕权属转移手续。

北交所上市公司发行股份的价格不得低于市场参考价的80%。市场参考价为本次发行股份购买资产的董事会决议公告日前20个交易日、60个交易日或者120个交易日的公司股票交易均价之一。

特定对象以资产认购而取得的上市公司股份，自股份发行结束之日起12个月内不得转让；特定对象为上市公司控股股东、实际控制人或者其控制的关联人的，36个月内不得转让。

3. 重组上市

上市公司实施重组上市的，标的资产对应的经营实体应当是符合发行条件的股份有限公司或者有限责任公司，不存在《上市规则》规定的不得申请公开发行并上市的情形，并符合下列条件之一。

①最近两年净利润均不低于1500万元且加权平均净资产收益率不低于8%，或者最近一年净利润不低于2500万元且加权平均净资产收益率不低于8%。

②最近两年营业收入平均不低于1亿元，且最近一年营业收入增长率不低于30%，最近一年经营活动产生的现金流量净额为正。

2.5.2 注册流程

北交所上市公司并购重组注册流程如下。

①上市公司实施发行股份购买资产或者重组上市的，应当聘请独立财务顾问，并委托独立财务顾问在股东大会作出重大资产重组决议后3个工作日内，向北交所报送申请文件。

②北交所收到申请文件后，对申请文件的齐备性进行核对，并在5个工作日内作出是否受理的决定。

③上市公司申请发行股份购买资产的，北交所重组审核机构

自受理申请文件之日起10个工作日内发出首轮审核问询；上市公司申请重组上市的，北交所重组审核机构自受理申请文件之日起20个工作日内发出首轮审核问询。

④上市公司申请发行股份购买资产的，北交所自受理申请文件之日起2个月内出具同意发行股份购买资产的审核意见或者作出终止审核的决定。

上市公司申请重组上市，不涉及股份发行的，北交所自受理申请文件之日起3个月内作出同意重组上市的决定或者作出终止审核的决定；涉及股份发行的，北交所自受理申请文件之日起，在规定的时限内出具同意重组上市的审核意见或者作出终止审核的决定，北交所审核和中国证监会注册的时间总计不超过3个月。

⑤北交所审核通过的，向中国证监会报送同意发行股份购买资产或者重组上市的审核意见、相关审核资料及上市公司申请文件。证监会出具同意注册或不予注册的决定。

北交所上市公司发行股份购买资产审核与注册流程，如图2-2所示。

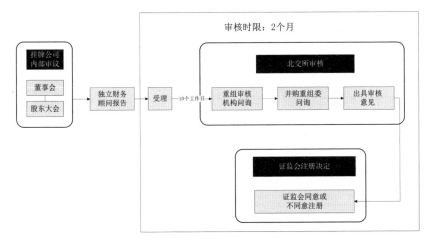

图 2-2　北交所上市公司发行股份购买资产审核与注册流程

北交所重组上市审核与注册流程，如图2-3所示。

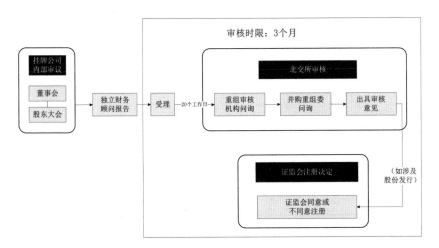

图 2-3　北交所重组上市审核与注册流程

2.6 债券发行

本节主要介绍了债券的两种重要形式——公司债和企业债。鉴于北交所目前除了可转换公司债券（可转债）业务外，暂未出台关于债券发行的相关规定，由于可转债兼具股权和债权的特征，与本节介绍的债券存在本质差异，因此，本节暂以中国证监会《公司债券发行与交易管理办法（2021修订）》为基础，参照《上海证券交易所公司债券上市规则》《深圳证券交易所公司债券上市规则》相关内容，对上市公司另一种重要的融资方式进行简要介绍。如果北交所未来适时推出债券品种，将有望提高中小规模或中低信用资质的发行人获得债券融资的能力，并助推境内债券市场的建设和壮大。

2.6.1 公司债

公司债是股份公司为筹措资金以发行债券的方式向社会公众募集的债。表明公司债权的证券称为公司债券。

1.概况

如同股票有公开发行和非公开发行之分，债券也存在公开发行和非公开发行两种方式。前者通常叫公募债，适合体量较大的企业向社会公众发行的募集资金量较大的债券；后者称作私募债，只能向合格投资者发行，且每期投资者数量合计不得超过200人。私募债基本法律依据和公开发行公司债券一样，都是《证券法》和《公司债券发行与交易管理办法》。

发行公司债券，发行人应当依照《公司法》或者公司章程相关规定对以下事项作出决议。

①发行债券的金额；

②发行方式；

③债券期限；

④募集资金的用途；

⑤其他按照法律法规及公司章程规定需要明确的事项。

发行公司债券，如果对增信机制、偿债保障措施作出安排的，也应当在决议事项中载明。

公开发行公司债券筹集的资金，必须按照公司债券募集说明书所列资金用途使用；改变资金用途，必须经债券持有人会议作出决议。非公开发行公司债券，募集资金应当用于约定的用途；改变资金用途，应当履行募集说明书约定的程序。公开发行公司债券筹集的资金，不得用于弥补亏损和非生产性支出。

2.公开发行

（1）发行条件

公开发行公司债券，应当符合下列条件。

①具备健全且运行良好的组织机构；

②最近三年平均可分配利润足以支付公司债券一年的利息；

③具有合理的资产负债结构和正常的现金流量；

④国务院规定的其他条件。

公开发行公司债券，由证券交易所负责受理、审核，并报中国证监会注册。

存在下列情形之一的，不得再次公开发行公司债券。

①对已公开发行的公司债券或者其他债务有违约或者延迟支付本息的事实，仍处于继续状态；

②违反《证券法》的规定，改变公开发行公司债券所募资金用途。

（2）注册程序

发行人公开发行公司债券，应当按照中国证监会有关规定制作注册申请文件，由发行人向证券交易所申报。证券交易所负责审核发行人公开发行公司债券并上市申请。证券交易所主要通过向发行人提出审核问询、发行人回答问题方式开展审核工作，判断发行人是否符合发行条件、上市条件和信息披露要求。证券交易所按照规定的条件和程序，提出审核意见。认为发行人符合发行条件和信息披露要求的，将审核意见、注册申请文件及相关审核资料报送中国证监会履行发行注册程序。认为发行人不符合发行条件或信息披露要求的，作出终止发行上市审核决定。中国证监会收到证券交易所报送的审核意见、发行人注册申请文件及相关审核资料后，履行发行注册程序。中国证监会认为存在需要进一步说明或者落实事项的，可以问询或要求证券交易所进一步问询。

3.非公开发行

（1）合格投资者

非公开发行的公司债券应当向专业投资者发行，不得采用广告、公开劝诱和变相公开方式，每次发行对象不得超过200人。对于债券发行后再转让的，仅限于专业投资者范围内转让。转让后，持有同次发行债券的投资者合计不得超过200人。

参与非公开发行债券认购和转让的机构投资者，应当符合下列条件。

①经有关金融监管部门批准设立的金融机构，包括商业银行、证券公司、基金管理公司、信托公司和保险公司等；

②上述金融机构面向投资者发行的理财产品，包括但不限于银行理财产品、信托产品、投连险产品、基金产品、证券公司资产管理产品等；

③注册资本不低于1000万元的企业法人；

④合伙人认缴出资总额不低于5000万元，实缴出资总额不低于1000万元的合伙企业；

⑤经证券交易所认可的其他合格投资者。

上海证券交易所还允许个人投资者参与认购和转让，但应当符合下列条件。

①个人名下的各类证券账户、资金账户、资产管理账户的资产总额不低于500万元；

②具有两年以上证券投资经验；

③理解并接受私募债券风险。

（2）发行程序

债券发行应当由证券公司承销，发行前将《募集说明书》和其他备案材料在拟进行信息披露和转让的证券交易所备案，在取得备案后6个月内完成发行。

发行后，发行人应当在中国证券登记结算有限责任公司办理登记。发行人申请私募债券在证券交易所转让的，应当提交相关材料，并在转让前与证券交易所签订《私募债券转让服务协议》。

私募债存续期间，应当按照规定进行信息披露。发行人应当为私募债持有人聘请私募债券受托管理人，受托管理人可由该次发行的承销商或其他机构担任，为私募债发行提供担保的机构不得担任该私募债的受托管理人。受托管理人应制定私募债券持有人会议规则，在规定的情形下应当召开私募债券持有人会议。发行人应当设立偿债保障金专户，用于兑息、兑付资金的归集和管理。

2.6.2 企业债

企业债券，是指经国家发改委审核批准，境内具有法人资格的企业，由具备企业债券承销资格的金融机构作为承销商，在境内向合格投资者公开发行，期限在1年以上，按照约定支付利息并归还本金，达到规定条件可在证券交易所或银行间债券市场交易的有价证券。企业债券的主管部门是国家发改委，而公司债券主管部门为中国证监会。

国家发改委根据国家宏观政策的调整，先后制定了大量文件对企业债券发行制度不断进行改进：废止1987年的《企业债券管理暂行条例》，1993年制定《企业债券管理条例》并于2011年进行了修订；2008年发布《国家发展改革委关于推进企业债券市场发展、简化发行核准程序有关事项的通知》；2012年发布《国家发展改革委办公厅关于进一步强化企业债券风险防范管理有关问题的通知》；2013年发布《国家发展改革委办公厅关于进一步改进企业债券发行审核工作的通知》；2015年发布《国家发展改革委办公厅关于简化企业债券审报程序加强风险防范和改革监管方式的意见》；2018年发布《国家发展改革委关于支持优质企业直接融资进一步增强企业债券服务实体经济能力的通知》等。

由于企业债券发行上市对企业主体评级和债项评级要求较高，累计债券余额不超过净资产的40%，且企业债券每次发行募集金额较大，一般至少数亿元，因此只有规模较大，至少有几亿元净资产且盈利情况较好的企业才具备独立发行债券的条件，而大多数中小企业是无法达到这个门槛的，目前发债主体以国企为主，民企比例较低。

1.发行条件

企业债券发行人应当具备健全且运行良好的组织机构，最近三年平均可分配利润足以支付企业债券一年的利息，应当具有合理的资产负债结构和正常的现金流量，鼓励发行企业债券的募集资金投向符合国家宏观调控政策和产业政策的项目建设。

2.发行审核

根据债券担保方式分类，企业可以发行无担保信用债券、资产抵押债券或第三方担保债券。

对于资产负债率较高的企业，国家发改委在审核过程中会进行重点关注，通过审核难度较大。企业债券的发行规模较大，一般在数亿元至数十亿元之间。企业发行债券应当聘请具备资质的机构进行信用评级，在债券存续期间每年还需要进行跟踪评级，包括对发行人的主体信用评级和对债券的债项信用评级，在主体信用评级较低的情况下可以通过提供担保物或信用评级较高的担保方增信来提高债项信用评级，主体信用评级低于AA-的，应当采取抵押或第三方担保等措施，债项评级一般为AA以上，至少高于AA-才能通过发行审核。

对于国家重点支持范围的发债申请，以及信用等级较高、偿债措施较为完善及列入信用建设试点的发债申请，国家发改委将加快审核，并适当简化审核程序，小微企业增信集合债券和中小企业集合债券均属于国家重点支持范围。在证券交易所或银行间债券市场交易可以增加债券流动性，不仅可以使债券更容易销售，还能够降低通过市场化询价确定的债券利率，但一般要求债项评级达到AA以上。

企业债券发行应由具备承销资格的金融机构（一般为银行或券商）担任承销商，主承销商应对发行人的基本情况、经营情况、治理情况、财务情况、信用情况、募集资金使用情况、征信情况等进行全方位的实地尽职调查，编制《尽职调查报告》并协助发行人制作《募集说明书》等申报材料，配合和协助完成发行审核，对于超过5000万元的债券发行，一般会由主承销商牵头、副主承销商和分销商参加，组成承销团销售。

债券利率在国家允许的范围内根据市场化询价确定，对于信用等级较高的债券，综合融资成本可以比银行贷款更低。发行募集资金应当存入募集资金专门账户，由担任受托管理人的银行进行监管。债券筹集资金必须按照核准的用途，用于本企业的生产经营，不得擅自挪作他用。不得用于弥补亏损和非生产性支出，也不得用于房地产买卖、股票买卖以及期货等高风险投资。闲置的部分债券资金，在坚持财务稳健、审慎原则的前提下可以用于保本投资、补充营运资金或符合国家产业政策的其他用途。

2.6.3 公司债与企业债对比

公司债与企业债所反映的法律关系相同，在发行主体、发行条件、发行程序和流通方式上也比较类似，债券期限以及类似企业的债券利率也比较接近，主要区别是审批机关和交易场所不同，企业可根据自身需要来选择。企业债与公司债的基本要素比较，如表2-3所示。

表 2-3　企业债与公司债的基本要素比较表

项目	企业债	公司债
发行人	有限公司或股份公司，实践中非上市公司较多	有限公司或股份公司，实践中上市公司较多
发行条件	《企业债券管理条例》第十二条；《关于推进企业债券市场发展、简化发行核准程序有关事项的通知》第二条	《证券法》第十六条；《公司债券发行与交易管理办法》第十七条、第十八条
债券期限	一年以上	一年以上
发行方式	公开发行	一般为公开发行，也可以非公开发行
审批机关	国家发改委	中国证监会
承销机构	银行、券商等	券商
交易场所	证券交易所、银行间债券市场	证券交易所、中小企业股份转让系统；非公开发行的还可在机构间私募产品报价与服务系统、证券公司柜台转让
投资者	在证券交易所流通的，机构和个人均可购买；在银行间债券市场流通的，符合条件的机构可购买	机构和个人合格投资者均可购买，符合规定条件的可以向公众投资者发行

第 3 章 | 北交所上市指引

　　本章从北交所上市实操的角度进行介绍，从上市流程、时间安排、上市费用、上市文件等方面为拟在北交所上市的企业提供上市指引。同时，结合目前新三板中初步具备北交所上市条件的企业情况，整理了北交所上市潜力企业名单，供读者参考和借鉴。

3.1 北交所上市流程

3.1.1 上市流程

北交所上市前，企业必须完成新三板挂牌，并进入创新层持续满一年。

1.新三板挂牌阶段

企业新三板挂牌阶段，包括以下几个步骤，如图3-1所示。

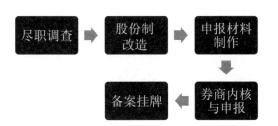

图 3-1 新三板挂牌阶段

（1）尽职调查

企业确定券商、会计师事务所、律师事务所、评估机构、各中介机构的选择并进行尽职调查，让它们指导企业进行拟上市前的规范运作，最终使企业符合新三板挂牌的规范性要求。整体期限约1～2个月。

（2）股份制改造

企业确定股份制改造方案（股改方案），审计、评估、完成企业内部股东会决议后，进行股份制改造，并完成工商变更手续，最终将有限公司变成股份公司。整体期限约2个月。

（3）申报材料制作

会计师出具审计报告，律师出具法律意见书，券商制作公开转让说明书和推荐报告，整体期限约3个月。

（4）券商内核与申报

券商质控部门与内核小组对材料进行审核，并出具内核意见，根据内核意见补充修订申报材料，最终提交全国股转系统申报。整体期限约1个月。

（5）备案挂牌

全国股转系统受理材料后进行审核，并针对材料出具反馈意见，最终由全国股转系统出具挂牌同意函，企业完成挂牌。整体期限约3个月。

2.北交所上市阶段

企业在新三板挂牌满12个月后（按基础层与创新层时间累积计算）才能向北交所提交资料，北交所过会并经证监会注册后，企业可公开发行股票并上市。

北交所上市流程如图3-2所示。

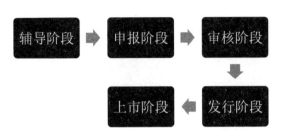

图 3-2 北交所上市流程

（1）辅导阶段

辅导阶段主要事项，包括确定上市方案、进行辅导备案、券商对企业开展上市辅导。

（2）申报阶段

申报阶段主要事项，包括补充尽职调查、审计评估、准备募投项目、拟定申报文件。

（3）审核阶段

审核阶段主要事项，包括向北交所递交申报材料、反馈意见的回复、北交所上市委员会表决，以及表决通过后办理注册流程。

（4）发行阶段

发行阶段主要事项，包括路演、定价和配售发行工作。

（5）上市阶段

上市阶段主要事项，包括核准上市、完成股票发行上市。

3.1.2 时间安排

如果企业财务指标符合北交所上市条件，整个上市周期为2～2.5年。

暂以2022年1月作为新三板申报基准日，简要时间表如表3-1所示。

表 3-1　北交所上市简要时间表

序号	时间	工作内容
1	2022 年 1 月	中介机构开展尽职调查，企业整改规范
2	2022 年 2 月	完成股份制改造
3	2022 年 4 月	会计师出具 2020 ～ 2021 年审计报告
4	2022 年 6 月	完成新三板挂牌材料申报
5	2022 年 9 月	新三板挂牌并进入基础层
6	2023 年 4 月	启动上市辅导
7	2023 年 5 月	调整进入创新层
8	2023 年 10 月	挂牌满一年后，北交所材料申报
9	2024 年 2 月	北交所 IPO 注册
10	2024 年 3 月	公开发行 IPO 上市

3.1.3 上市费用

北交所上市费用，包括中介机构费用和其他成本与费用。

1.中介机构费用

目前新三板挂牌费用（含券商、会计师、律师、评估师等）为170万～200万元，企业在新三板挂牌期间的持续督导费（含审计费）大约30万元/年。

北交所上市的主要费用为承销费，该费用按募集资金一定比例收取。除此之外，还有券商辅导保荐费用、会计师审计费、律师费用等。参考已在精选层挂牌的企业，北交所发行上市费用（含券商、会计师、律师、发行费用）为1500万～2000万元，具体与企业的行业、规模、子公司数量、规范程度等相关。

相比于沪深交易所上市平均费用为5000万～6000万元，北交所上市费用相对较低，当然这与北交所上市企业募集资金量较小有关。

2.其他成本与费用

除上述中介机构费用外，北交所上市还包括很多隐性成本，企业需要考虑的规范成本与费用，主要包括税务成本、社保成本、高级管理人员报酬以及披露成本等。

①税务成本。企业改制前可能需要补缴部分税款，主要为三年内未严格按税法缴纳的企业所得税。

②社保成本。针对企业存在劳动用工不规范的问题，比如降低社保基数、少报用工人数等，北交所上市要求企业在提交申请前要补足五险一金。

③高级管理人员报酬。上市导致高级管理人员的增加，不得

不安排更多的董事会成员、监事会成员和高级管理人员。

④披露成本。严格的信息披露要求，使得企业的基本经营情况被公开，给竞争对手一个窥探企业内部信息的机会。

3.1.4 上市文件

整体上，在北京证券交易所发行上市的申请文件与沪深交易所各板块的申请文件相比有大幅减少，对拟申请的企业和中介机构而言是一种减负和利好。

北交所IPO申请文件只有29项，相对创业板IPO减少了行业定位、纳税及原始财务报表相关财务资料、产权和特许经营权证书、重要合同、设立相关的文件等32项内容，仅增加了前次募集资金使用情况报告一项。其中纳税及原始财务报表相关财务资料的减少，说明北交所IPO弱化了对纳税申报财务数据的调整，有利于缩短企业申报上市的时间。

北交所上市所需文件，如表3-2所示。

表 3-2　北交所上市所需文件

北京证券交易所申请文件目录
一、发行文件
1-1 招股说明书（申报稿）
二、发行人关于本次发行上市的申请与授权文件
2-1 发行人关于本次公开发行股票并在北交所上市的申请报告
2-2 发行人董事会有关本次公开发行并在北交所上市的决议
2-3 发行人股东大会有关本次公开发行并在北交所上市的决议
2-4 发行人监事会对招股说明书真实性、准确性、完整性的书面审核意见
三、保荐人关于本次发行的文件
3-1 发行保荐书

续表

北京证券交易所申请文件目录
3-2 上市保荐书
3-3 保荐工作报告
四、会计师关于本次发行的文件
4-1 最近三年及一期的财务报告和审计报告
4-2 盈利预测报告及审核报告（如有）
4-3 内部控制鉴证报告
4-4 经注册会计师鉴证的非经常性损益明细表
4-5 会计师事务所关于发行人前次募集资金使用情况的报告（如有）
五、律师关于本次发行的文件
5-1 法律意见书
5-2 律师工作报告
5-3 发行人律师关于发行人董事、监事、高级管理人员、发行人控股股东和实际控制人在相关文件上签名盖章的真实性的鉴证意见
5-4 关于申请电子文件与预留原件一致的鉴证意见
六、关于本次发行募集资金运用的文件
6-1 募集资金投资项目的审批、核准或备案文件（如有）
6-2 发行人拟收购资产（包括权益）的有关财务报告、审计报告、资产评估报告（如有）
6-3 发行人拟收购资产（包括权益）的合同或其草案（如有）
七、其他文件
7-1 发行人营业执照及公司章程（草案）
7-2 发行人控股股东、实际控制人最近一年及一期的财务报告及审计报告（如有）
7-3 承诺事项
7-3-1 发行人及其控股股东、实际控制人、持股5%以上股东以及发行人董事、监事、高级管理人员等责任主体的重要承诺及未履行承诺的约束措施
7-3-2 发行人及其控股股东、实际控制人、全体董事、监事、高级管理人员、保荐人（主承销商）、律师事务所、会计师事务所及其他证券服务机构对发行申请文件真实性、准确性、完整性的承诺书
7-3-3 发行人、保荐人关于申请电子文件与预留原件一致的承诺函
7-4 信息披露豁免申请及保荐人核查意见（如有）
7-5 特定行业（或企业）管理部门出具的相关意见（如有）
7-6 保荐协议
7-7 其他文件

3.2 上市后的管理

3.2.1 信息披露

北交所上市后信息披露的事项，包括以下几点。

1.一般事项

北交所上市公司及相关信息披露义务人可以自愿披露与投资者作出价值判断和投资决策有关的信息。北交所上市公司拟披露的信息属于商业秘密、商业敏感信息，按照本规则披露或者履行相关义务可能引致不当竞争、损害公司及投资者利益或者误导投资者的，可以暂缓或者豁免披露该信息。

北交所上市公司应当充分披露行业经营信息，以及可能对公司核心竞争力、经营活动和未来发展产生重大不利影响的风险因素，便于投资者合理决策。尚未盈利的公司，应当充分披露尚未盈利的成因，以及对公司现金流、业务拓展、人才吸引、团队稳定性、研发投入、战略性投入、生产经营可持续性等方面的影响。

北交所上市公司控股子公司发生需要披露的重大事项，视同上市公司的重大事项，应予披露。北交所上市公司参股公司发生重大事项时，可能对上市公司股票交易价格或投资者决策产生较大影响的，上市公司应当进行信息披露。

北交所上市公司应当在重大事件最先触及下列任一时点后，及时履行首次披露义务：①董事会或者监事会作出决议时；②有关各方签署意向书或协议时；③董事、监事或者高级管理人员知悉或者应当知悉该重大事件发生时。

北交所上市公司筹划的重大事项存在较大不确定性，立即披露可能会损害公司利益或者误导投资者，且有关内幕信息知情人已书面承诺保密的，公司可以暂不披露，但最迟应当在该重大事项形成最终决议、签署最终协议、交易确定能够达成时对外披露。

相关信息确实难以保密、已经泄露或者出现市场传闻，导致公司股票交易价格发生大幅波动的，公司应当立即披露相关筹划和进展情况。

北交所上市公司和相关信息披露义务人确有需要的，可以在非交易时段对外发布重大信息，但应当在下一交易时段开始前披露相关公告，不得以新闻发布或者答记者问等形式替代信息披露。

2.定期报告

北交所上市公司应当在规定的期限内编制并披露定期报告，在每个会计年度结束之日起4个月内编制并披露年度报告，在每个会计年度的上半年结束之日起2个月内编制并披露中期报告；在每个会计年度前3个月、9个月结束后的1个月内编制并披露季度报告。第一季度报告的披露时间不得早于上一年的年度报告。

公司预计不能在规定期限内披露定期报告的，应当及时向北交所报告，并公告不能按期披露的原因、解决方案及延期披露的最后期限。

3.业绩预告和业绩快报

北交所上市公司预计不能在会计年度结束之日起2个月内披露年度报告的，应当在该会计年度结束之日起2个月内披露业绩快报。业绩快报中的财务数据包括但不限于营业收入、净利润、总资产、净资产以及净资产收益率。

北交所上市公司在年度报告披露前，预计上一会计年度净利润发生重大变化的，应当在北交所规定的时间内进行业绩预告；预计半年度和季度净利润发生重大变化的，可以进行业绩预告。业绩预告应当披露净利润的预计值以及重大变化的原因。重大变化的情形包括净利润同比变动超过50%且大于500万元、发生亏损或者由亏损变为盈利。

4.重大交易

北交所上市公司发生的交易（除提供担保、提供财务资助外）达到下列标准之一的，应当及时披露。

①交易涉及的资产总额占上市公司最近一期经审计总资产的10%以上。

②交易的成交金额占上市公司市值的10%以上。

③交易标的（如股权）最近一个会计年度资产净额占上市公司市值的10%以上。

④交易标的（如股权）最近一个会计年度相关的营业收入占上市公司最近一个会计年度经审计营业收入的10%以上，且超过1000万元。

⑤交易产生的利润占上市公司最近一个会计年度经审计净利润的10%以上，且超过150万元。

⑥交易标的（如股权）最近一个会计年度相关的净利润占上市公司最近一个会计年度经审计净利润的10%以上，且超过150万元。

5.关联交易

关联交易应当具有商业实质，价格公允，不得偏离市场独立第三方的价格，不得利用关联交易进行利益输送或利润调节，不得隐瞒关联关系。

北交所上市公司发生符合以下标准的关联交易（除提供担保外），应当及时披露。

①公司与关联自然人发生的成交金额在30万元以上的关联交易。

②与关联法人发生的成交金额占公司最近一期经审计总资产或市值0.2%以上的交易，且超过300万元。

6.其他重大事项

应予披露的其他重大事项包括股票异常波动和传闻澄清、股份质押和司法冻结、重大诉讼仲裁等。

①股票异常波动和传闻澄清。公司应当于次一交易日开盘前披露异常波动公告。如次一交易日开盘前无法披露，上市公司应当向北交所申请停牌直至披露后复牌。

②股份质押和司法冻结。北交所上市公司任一股东所持公司5%以上的股份被质押、冻结、司法拍卖、托管、设定信托或者被依法限制表决权的，应当及时通知公司并予以披露。

③重大诉讼仲裁。下列案件应予披露：涉案金额超过1000万元，且占公司最近一期经审计净资产绝对值10%以上；股东大会、董事会决议被申请撤销或者宣告无效；可能对公司控制权稳定、生产经营或股票交易价格产生较大影响的其他诉讼、仲裁等。

7.责任承担

董事长对信息披露事务管理承担首要责任。

董事会秘书负责组织和协调信息披露管理事务。

公司董事、监事、高级管理人员应当勤勉尽责，关注信息披露文件的编制情况。

北交所上市公司董事长、经理、董事会秘书，应当对公司临时报告的真实性、准确性、完整性、及时性、公平性承担主要责任。

北交所上市公司董事长、经理、财务负责人应当对公司财务会计报告的真实性、准确性、完整性、及时性、公平性承担主要责任。

3.2.2 转板

1.一般规定

北交所上市公司转板制度于2022年1月正式落地，符合条件的北交所上市公司可以申请转板至上交所科创板或深交所创业板。

北交所上市公司申请转板，应当已在北交所上市满一年，其在精选层挂牌时间和北交所上市时间可合并计算；转板条件应当与首次公开发行并在上交所、深交所上市的条件保持基本一致，上交所、深交所可以根据监管需要提出差异化要求。

2.转板程序

转板属于股票上市地的变更，不涉及股票公开发行，依法无须经中国证监会核准或注册，由上交所、深交所依据其上市规则进行审核并作出决定。

转板程序具体包括以下几点。

①企业履行内部决策程序后提出转板申请。

②上交所、深交所审核并作出是否同意上市的决定。

③企业在北交所终止上市后，在上交所或深交所上市交易。

3.股份限售安排

北交所上市公司转板后的股份限售期，原则上可以扣除在精选层和北交所已经限售的时间。

3.3 上市潜力企业

　　截至2022年1月末，新三板挂牌企业共6900余家。其中，创新层约1200家，基础层约5700家。我从其中挑出符合北交所上市标准的企业700余家，并按上市标准进行了整理。我认为，这些企业初步具备登录北交所的潜力，可对企业进行深入研究，发掘企业的长期投资价值。相关企业整理如表3-3所示。

表 3-3　北交所上市潜力企业一览表

证券代码	证券简称	行业	满足上市标准
430005	原子高科	医药制造业	标准一A
430014	恒业世纪	专用设备制造业	标准一A
430017	星昊医药	医药制造业	标准四
430021	海鑫科金	软件和信息技术服务业	标准四
430034	大地股份	农副食品加工业	标准一B
430037	联飞翔	黑色金属冶炼和压延加工业	标准四
430051	九恒星	互联网和相关服务	标准四
430057	清畅电力	电气机械和器材制造业	标准一A
430062	中科国信	计算机、通信和其他电子设备制造业	标准一B
430075	中讯四方	计算机、通信和其他电子设备制造业	标准二
430076	国基科技	软件和信息技术服务业	标准一A
430120	金润科技	软件和信息技术服务业	标准二

续表

证券代码	证券简称	行业	满足上市标准
430127	英雄互娱	互联网和相关服务	标准四
430139	华岭股份	计算机、通信和其他电子设备制造业	标准一B
430161	光谷信息	软件和信息技术服务业	标准一B
430193	微传播	互联网和相关服务	标准一A
430208	优炫软件	软件和信息技术服务业	标准四
430217	掌众科技	互联网和相关服务	标准四
430222	璟泓科技	医药制造业	标准一B
430223	亿童文教	新闻和出版业	标准一A
430276	晟矽微电	计算机、通信和其他电子设备制造业	标准四
430277	圣商教育	商务服务业	标准一B
430287	环宇畜牧	专用设备制造业	标准一A
430318	四维传媒	新闻和出版业	标准二
430320	江扬环境	生态保护和环境治理业	标准一A
430330	捷世智通	软件和信息技术服务业	标准二
430335	华韩整形	卫生	标准一B
430356	雷腾软件	软件和信息技术服务业	标准一B
430363	上海上电	电气机械和器材制造业	标准二
430372	泰达新材	化学原料和化学制品制造业	标准一B
430375	星立方	软件和信息技术服务业	标准一B
430376	东亚装饰	建筑装饰和其他建筑业	标准一B
430385	中一检测	专业技术服务业	标准一A
430392	斯派克	化学原料和化学制品制造业	标准一A
430432	方林科技	电气机械和器材制造业	标准一B
430459	华艺园林	土木工程建筑业	标准一B
430476	海能技术	仪器仪表制造业	标准一B
430496	大正医疗	专用设备制造业	标准一A
430497	威硬工具	金属制品业	标准一A
430500	亚奥科技	软件和信息技术服务业	标准一B
430515	麟龙股份	软件和信息技术服务业	标准一B
430539	扬子地板	木材加工和木、竹、藤、棕、草制品业	标准一B
430555	英派瑞	橡胶和塑料制品业	标准一B
430556	雅达股份	仪器仪表制造业	标准一B
430564	天润科技	软件和信息技术服务业	标准一B
430573	山水节能	通用设备制造业	标准一B
430578	差旅天下	商务服务业	标准一A
430588	天松医疗	专用设备制造业	标准一B
430592	凯德股份	电气机械和器材制造业	标准一A

续表

证券代码	证券简称	行业	满足上市标准
430607	大树智能	专用设备制造业	标准一 B
430675	天跃科技	计算机、通信和其他电子设备制造业	标准一 B
430685	新芝生物	专用设备制造业	标准一 B
430753	琼中农信	货币金融服务	标准一 B
430755	华曦达	计算机、通信和其他电子设备制造业	标准一 B
430761	升禾环保	公共设施管理业	标准一 A
830774	百博生物	医药制造业	标准一 B
830779	武汉蓝电	仪器仪表制造业	标准一 B
830782	泰安众诚	专用设备制造业	标准一 A
830809	安达科技	电气机械和器材制造业	标准四
830813	熔金股份	非金属矿物制品业	标准一 A
830818	巨峰股份	电气机械和器材制造业	标准一 B
830827	世优电气	电气机械和器材制造业	标准一 B
830833	九生堂	食品制造业	标准一 A
830837	古城香业	其他制造业	标准一 A
830849	平原智能	专用设备制造业	标准四
830851	骏华农牧	畜牧业	标准二
830877	康莱股份	文教、工美、体育和娱乐用品制造业	标准一 B
830879	基康仪器	仪器仪表制造业	标准一 B
830885	波斯科技	橡胶和塑料制品业	标准一 B
830892	海迈科技	软件和信息技术服务业	标准四
830920	聚融集团	非金属矿物制品业	标准一 B
830921	海阳股份	商务服务业	标准一 B
830923	上元堂	零售业	标准二
830939	君山股份	其他制造业	标准一 A
830974	凯大催化	化学原料和化学制品制造业	标准一 B
830978	先临三维	专用设备制造业	标准四
830988	兴和股份	电气机械和器材制造业	标准一 B
831006	久易股份	化学原料和化学制品制造业	标准一 B
831049	赛莱拉	研究和试验发展	标准四
831053	美佳新材	化学原料和化学制品制造业	标准四
831057	多普泰	医药制造业	标准一 B
831063	安泰股份	软件和信息技术服务业	标准四
831074	佳力科技	通用设备制造业	标准一 B
831075	宏海科技	金属制品业	标准一 A
831083	东润环能	软件和信息技术服务业	标准一 B
831092	乾元泽孚	非金属矿物制品业	标准一 A

续表

证券代码	证券简称	行业	满足上市标准
831118	兰亭科技	化学原料和化学制品制造业	标准一B
831129	领信股份	软件和信息技术服务业	标准一B
831131	兴宏泰	黑色金属矿采选业	标准二
831142	易讯通	软件和信息技术服务业	标准一B
831152	昆工科技	有色金属冶炼和压延加工业	标准一B
831159	安达物流	道路运输业	标准一A
831167	鑫汇科	计算机、通信和其他电子设备制造业	标准一B
831173	泰恩康	批发业	标准四
831175	派诺科技	软件和信息技术服务业	标准四
831177	深冷能源	化学原料和化学制品制造业	标准一B
831187	创尔生物	医药制造业	标准一B
831193	新健康成	医药制造业	标准一A
831195	三祥科技	汽车制造业	标准一B
831200	巨正源	批发业	标准一B
831204	汇通控股	汽车制造业	标准一B
831235	点米科技	商务服务业	标准四
831247	盛帮股份	橡胶和塑料制品业	标准一B
831253	东进农牧	农副食品加工业	标准一B
831265	宏源药业	医药制造业	标准一B
831278	泰德股份	通用设备制造业	标准一B
831287	启奥科技	软件和信息技术服务业	标准四
831311	博安智能	软件和信息技术服务业	标准一A
831343	益通建设	土木工程建筑业	标准一B
831378	富耐克	非金属矿物制品业	标准三
831397	康泽药业	批发业	标准二
831406	森达电气	电气机械和器材制造业	标准一B
831415	城兴股份	专业技术服务业	标准一B
831463	凯雪冷链	通用设备制造业	标准一B
831474	上海科特	计算机、通信和其他电子设备制造业	标准一B
831511	水治理	生态保护和环境治理业	标准一B
831513	爱迪新能	电气机械和器材制造业	标准一B
831546	美林数据	软件和信息技术服务业	标准四
831563	高盛股份	电气机械和器材制造业	标准一A
831564	欧伏电气	电气机械和器材制造业	标准一B
831565	润成科技	仪器仪表制造业	标准二
831566	盛大在线	互联网和相关服务	标准一B
831588	山川秀美	专业技术服务业	标准一B

续表

证券代码	证券简称	行业	满足上市标准
831598	热像科技	计算机、通信和其他电子设备制造业	标准一 B
831601	威科姆	软件和信息技术服务业	标准四
831621	中镁控股	非金属矿物制品业	标准一 B
831627	力王股份	电气机械和器材制造业	标准一 B
831638	天物生态	生态保护和环境治理业	标准二
831641	格利尔	电气机械和器材制造业	标准一 B
831662	快乐沃克	商务服务业	标准一 A
831672	莲池医院	卫生	标准一 B
831689	克莱特	通用设备制造业	标准一 A
831698	工大软件	软件和信息技术服务业	标准一 B
831708	吉华勘测	专业技术服务业	标准一 A
831709	瑞特爱	专业技术服务业	标准一 A
831710	昊方机电	汽车制造业	标准四
831714	福航环保	专用设备制造业	标准一 B
831718	青鸟软通	软件和信息技术服务业	标准一 A
831719	菱湖股份	化学原料和化学制品制造业	标准一 A
831724	信而泰	仪器仪表制造业	标准一 B
831727	中钢网	互联网和相关服务	标准一 A
831755	邦正科技	软件和信息技术服务业	标准二
831798	博益气动	仪器仪表制造业	标准一 B
831827	宝来利来	医药制造业	标准一 B
831834	三维股份	橡胶和塑料制品业	标准一 B
831855	浙江大农	专用设备制造业	标准一 B
831873	环宇建科	房屋建筑业	标准一 B
831884	成达兴	软件和信息技术服务业	标准一 B
831888	垦丰种业	农业	标准四
831892	新玻电力	电气机械和器材制造业	标准一 A
831906	舜宇精工	专用设备制造业	标准一 B
831929	惠尔明	化学原料和化学制品制造业	标准一 B
831934	宇迪光学	仪器仪表制造业	标准一 B
831943	西格码	建筑安装业	标准一 A
831978	金康精工	专用设备制造业	标准一 A
832007	航天检测	专业技术服务业	标准一 B
832010	亘古电缆	电气机械和器材制造业	标准一 B
832014	绿之彩	印刷和记录媒介复制业	标准一 A
832047	联洋新材	橡胶和塑料制品业	标准一 B
832060	施可瑞	橡胶和塑料制品业	标准二

续表

证券代码	证券简称	行业	满足上市标准
832063	鸿辉光通	计算机、通信和其他电子设备制造业	标准一 B
832075	东方水利	专用设备制造业	标准一 B
832077	华创合成	医药制造业	标准一 B
832081	金利股份	废弃资源综合利用业	标准一 B
832093	科伦股份	橡胶和塑料制品业	标准一 B
832094	金昌蓝宇	有色金属冶炼和压延加工业	标准一 A
832110	雷特科技	计算机、通信和其他电子设备制造业	标准一 A
832113	中康国际	卫生	标准二
832114	中爆数字	软件和信息技术服务业	标准一 A
832126	康乐药业	医药制造业	标准一 B
832149	利尔达	计算机、通信和其他电子设备制造业	标准一 B
832151	昕牧肉牛	农副食品加工业	标准一 A
832175	东方碳素	非金属矿物制品业	标准一 B
832189	科瑞达	仪器仪表制造业	标准一 B
832196	秦森园林	土木工程建筑业	标准一 B
832214	太川股份	计算机、通信和其他电子设备制造业	标准一 B
832236	丰源股份	电力、热力生产和供应业	标准一 B
832267	诺君安	软件和信息技术服务业	标准一 B
832276	翔宇药业	医药制造业	标准四
832280	创元期货	其他金融业	标准二
832285	瑞恩电气	电气机械和器材制造业	标准一 B
832305	东利机械	汽车制造业	标准一 B
832327	海颐软件	软件和信息技术服务业	标准一 B
832347	太矿电气	专用设备制造业	标准一 A
832350	汇知康	专用设备制造业	标准一 B
832359	益森科	非金属矿物制品业	标准一 A
832389	睿思凯	计算机、通信和其他电子设备制造业	标准一 A
832390	金海股份	金属制品业	标准一 B
832394	佳龙科技	通用设备制造业	标准二
832397	恒神股份	化学纤维制造业	标准二
832398	索力得	金属制品业	标准一 B
832399	宁波公运	道路运输业	标准一 B
832419	路斯股份	农副食品加工业	标准一 B
832432	科列技术	计算机、通信和其他电子设备制造业	标准四
832449	恒宝通	计算机、通信和其他电子设备制造业	标准三
832469	富恒新材	橡胶和塑料制品业	标准一 B
832491	奥迪威	计算机、通信和其他电子设备制造业	标准二

续表

证券代码	证券简称	行业	满足上市标准
832499	天海流体	通用设备制造业	标准一 A
832510	星月科技	软件和信息技术服务业	标准一 A
832513	汇群中药	医药制造业	标准一 B
832532	大亚股份	金属制品业	标准一 B
832534	东宝股份	化学原料和化学制品制造业	标准二
832554	桑尼泰克	汽车制造业	标准一 B
832555	金宇农牧	畜牧业	标准一 A
832558	爽口源	农副食品加工业	标准一 A
832567	伟志股份	专业技术服务业	标准一 B
832571	点击网络	互联网和相关服务	标准二
832645	高德信	互联网和相关服务	标准一 B
832646	讯众股份	软件和信息技术服务业	标准一 B
832652	目乐医疗	专用设备制造业	标准一 A
832685	华洋科技	计算机、通信和其他电子设备制造业	标准一 B
832694	维冠机电	计算机、通信和其他电子设备制造业	标准一 B
832705	达瑞生物	医药制造业	标准四
832707	国豪股份	建筑装饰和其他建筑业	标准一 B
832715	华信股份	软件和信息技术服务业	标准一 B
832727	景心科技	软件和信息技术服务业	标准一 B
832774	森泰环保	专用设备制造业	标准一 B
832792	XR 鹿城银	货币金融服务	标准一 B
832800	赛特斯	软件和信息技术服务业	标准四
832802	保丽洁	专用设备制造业	标准一 B
832816	索克物业	房地产业	标准一 B
832848	昆自股份	专业技术服务业	标准一 B
832859	晨越建管	专业技术服务业	标准一 B
832861	奇致激光	专用设备制造业	标准一 B
832876	慧为智能	计算机、通信和其他电子设备制造业	标准一 B
832894	紫光通信	软件和信息技术服务业	标准二
832896	道有道	互联网和相关服务	标准二
832898	天地壹号	酒、饮料和精制茶制造业	标准一 B
832915	汉尧环保	软件和信息技术服务业	标准一 B
832924	明石创新	专用设备制造业	标准四
832929	雷石集团	软件和信息技术服务业	标准一 A
832950	益盟股份	软件和信息技术服务业	标准二
832954	龙创设计	专业技术服务业	标准一 B
832958	艾芬达	金属制品业	标准一 A

续表

证券代码	证券简称	行业	满足上市标准
832968	东软股份	房地产业	标准一 A
832982	锦波生物	医药制造业	标准一 A
832996	民生科技	化学原料和化学制品制造业	标准一 B
833024	欣智恒	软件和信息技术服务业	标准一 B
833029	鹏信科技	软件和信息技术服务业	标准四
833030	立方控股	软件和信息技术服务业	标准一 B
833047	天堰科技	仪器仪表制造业	标准四
833075	柏星龙	印刷和记录媒介复制业	标准一 A
833098	新龙生物	化学原料和化学制品制造业	标准一 A
833105	华通科技	科技推广和应用服务业	标准一 A
833120	瑞铁股份	铁路、船舶、航空航天和其他运输设备制造业	标准一 A
833146	双喜电器	金属制品业	标准一 A
833153	剧星传媒	互联网和相关服务	标准一 B
833171	福建国航	水上运输业	标准一 B
833175	浩瀚深度	软件和信息技术服务业	标准一 B
833179	南京试剂	化学原料和化学制品制造业	标准一 B
833183	超凡股份	商务服务业	标准一 B
833186	宏远电器	其他制造业	标准一 B
833189	达诺尔	化学原料和化学制品制造业	标准一 A
833197	天晟股份	非金属矿物制品业	标准一 B
833205	博采网络	互联网和相关服务	标准一 B
833222	基业园林	土木工程建筑业	标准一 A
833230	欧康医药	医药制造业	标准二
833239	XD 晨科农	农副食品加工业	标准一 A
833255	西部股份	电气机械和器材制造业	标准一 B
833284	灵鸽科技	通用设备制造业	标准二
833302	羌山农牧	畜牧业	标准一 B
833310	仁新科技	废弃资源综合利用业	标准一 B
833319	比酷股份	商务服务业	标准二
833332	多尔晋泽	专用设备制造业	标准二
833339	胜软科技	软件和信息技术服务业	标准一 A
833346	威贸电子	计算机、通信和其他电子设备制造业	标准一 B
833370	运鹏股份	装卸搬运和运输代理业	标准一 A
833374	东方股份	零售业	标准一 B
833391	建成咨询	专业技术服务业	标准一 A
833414	凡拓创意	软件和信息技术服务业	标准一 B

续表

证券代码	证券简称	行业	满足上市标准
833423	穗晶光电	计算机、通信和其他电子设备制造业	标准一 B
833440	新鸿运	房地产业	标准一 A
833442	江苏铁科	橡胶和塑料制品业	标准一 B
833444	华恒股份	专用设备制造业	标准一 B
833462	华瑞农业	农业	标准二
833468	双剑股份	通用设备制造业	标准一 A
833478	侨益股份	装卸搬运和运输代理业	标准一 B
833532	福慧达	批发业	标准一 B
833533	骏创科技	汽车制造业	标准一 A
833580	科创新材	非金属矿物制品业	标准一 B
833599	营财安保	商务服务业	标准二
833629	合力亿捷	软件和信息技术服务业	标准一 A
833665	清大天达	专用设备制造业	标准一 B
833682	福特科	计算机、通信和其他电子设备制造业	标准一 B
833694	新道科技	软件和信息技术服务业	标准一 A
833713	立德电子	专用设备制造业	标准一 B
833723	三江并流	畜牧业	标准一 B
833751	惠同新材	金属制品业	标准一 A
833757	天力锂能	计算机、通信和其他电子设备制造业	标准一 A
833781	瑞奇智造	金属制品业	标准一 A
833786	超纯环保	生态保护和环境治理业	标准一 A
833827	浩腾科技	软件和信息技术服务业	标准一 A
833839	天波信息	计算机、通信和其他电子设备制造业	标准一 B
833840	永安期货	资本市场服务	标准一 B
833855	三楷深发	化学原料和化学制品制造业	标准一 A
833881	一森股份	林业	标准一 A
833896	海诺尔	生态保护和环境治理业	标准一 B
833914	远航合金	有色金属冶炼和压延加工业	标准一 B
833936	百味佳	食品制造业	标准一 B
833943	优机股份	通用设备制造业	标准一 B
833960	华发教育	软件和信息技术服务业	标准一 B
833988	中成发展	专用设备制造业	标准一 B
834014	特瑞斯	专用设备制造业	标准一 B
834019	大自然	化学原料和化学制品制造业	标准一 A
834037	龙盛世纪	软件和信息技术服务业	标准一 A
834045	清众科技	软件和信息技术服务业	标准二
834046	金锐同创	软件和信息技术服务业	标准一 B

续表

证券代码	证券简称	行业	满足上市标准
834058	华洋赛车	铁路、船舶、航空航天和其他运输设备制造业	标准一 B
834062	科润智控	电气机械和器材制造业	标准一 B
834072	德隆股份	汽车制造业	标准一 B
834081	通领科技	汽车制造业	标准一 B
834082	中建信息	批发业	标准一 B
834114	明尚德	非金属矿物制品业	标准一 A
834156	有米科技	互联网和相关服务	标准四
834179	赛科星	畜牧业	标准一 B
834195	华清飞扬	互联网和相关服务	标准四
834209	正合股份	房地产业	标准一 B
834217	斯尔克	化学纤维制造业	标准四
834218	和创科技	软件和信息技术服务业	标准四
834222	迈动医疗	批发业	标准二
834261	一诺威	化学原料和化学制品制造业	标准一 B
834295	虎彩印艺	印刷和记录媒介复制业	标准四
834327	车讯互联	互联网和相关服务	标准一 B
834342	慧云股份	软件和信息技术服务业	标准二
834376	冠新软件	软件和信息技术服务业	标准四
834385	力港网络	互联网和相关服务	标准一 B
834407	驰诚股份	仪器仪表制造业	标准一 A
834410	苏州电瓷	电气机械和器材制造业	标准一 B
834414	源耀农业	农副食品加工业	标准一 B
834418	好买财富	资本市场服务	标准一 B
834425	新赛点	体育	标准一 A
834429	钢宝股份	互联网和相关服务	标准一 B
834443	华路时代	软件和信息技术服务业	标准一 B
834476	无限自在	商务服务业	标准一 A
834528	红酒世界	互联网和相关服务	标准二
834534	曼恒数字	软件和信息技术服务业	标准二
834616	京博物流	道路运输业	标准一 B
834639	晨光电缆	电气机械和器材制造业	标准一 B
834678	东方网	互联网和相关服务	标准四
834703	诺得物流	道路运输业	标准四
834791	飞企互联	软件和信息技术服务业	标准一 B
834793	华强方特	娱乐业	标准四
834802	宝贝格子	互联网和相关服务	标准一 B

续表

证券代码	证券简称	行业	满足上市标准
834845	华腾教育	软件和信息技术服务业	标准一 A
834866	利欣制药	医药制造业	标准一 B
834927	自然科技	家具制造业	标准一 A
834982	远东国兰	农业	标准一 A
835020	山东北辰	专用设备制造业	标准一 B
835037	环球药业	医药制造业	标准一 B
835068	星源农牧	畜牧业	标准一 B
835084	多麦股份	互联网和相关服务	标准一 B
835092	钢银电商	互联网和相关服务	标准一 B
835120	金贸流体	金属制品业	标准一 A
835179	凯德石英	非金属矿物制品业	标准一 B
835181	中阳股份	非金属矿物制品业	标准一 B
835192	电老虎网	互联网和相关服务	标准二
835193	东立科技	生态保护和环境治理业	标准一 B
835207	众诚科技	软件和信息技术服务业	标准一 B
835223	瑞华股份	电力、热力生产和供应业	标准一 A
835233	美味源	食品制造业	标准二
835237	力佳科技	电气机械和器材制造业	标准一 B
835257	晶锐材料	非金属矿物制品业	标准一 A
835281	翰林汇	批发业	标准一 B
835291	力尊信通	软件和信息技术服务业	标准一 B
835300	人为峰	批发业	标准一 B
835354	格润牧业	农副食品加工业	标准一 B
835359	百通能源	电力、热力生产和供应业	标准一 B
835363	腾信软创	软件和信息技术服务业	标准一 A
835401	杭摩集团	化学原料和化学制品制造业	标准一 B
835421	绿联智能	计算机、通信和其他电子设备制造业	标准一 A
835425	中科水生	生态保护和环境治理业	标准一 A
835446	汇尔杰	非金属矿物制品业	标准一 A
835473	彦林科技	商务服务业	标准一 A
835483	中大股份	房屋建筑业	标准一 B
835532	思尔特	专用设备制造业	标准一 A
835538	额尔敦	农副食品加工业	标准一 A
835539	中宇万通	软件和信息技术服务业	标准一 B
835605	正业生物	医药制造业	标准一 B
835654	万源生态	土木工程建筑业	标准一 A
835688	平安环保	生态保护和环境治理业	标准一 B

续表

证券代码	证券简称	行业	满足上市标准
835690	信源信息	软件和信息技术服务业	标准一B
835692	力王高科	电气机械和器材制造业	标准二
835729	佰能蓝天	生态保护和环境治理业	标准二
835755	创研股份	互联网和相关服务	标准二
835779	康利达	建筑装饰和其他建筑业	标准一A
835787	海力股份	通用设备制造业	标准一B
835800	万联城服	房地产业	标准一A
835834	达伦股份	电气机械和器材制造业	标准二
835849	上海众幸	专用设备制造业	标准一B
835850	凯欣股份	食品制造业	标准一B
835852	伊普诺康	医药制造业	标准一A
835857	百甲科技	金属制品业	标准一B
835859	景鸿物流	装卸搬运和运输代理业	标准一A
835888	尚阳股份	软件和信息技术服务业	标准四
835911	中农华威	医药制造业	标准一A
835948	杰外动漫	商务服务业	标准一B
835960	九易庄宸	专业技术服务业	标准一B
835961	名品世家	批发业	标准一B
835963	安人股份	软件和信息技术服务业	标准一A
835985	海泰新能	电气机械和器材制造业	标准一B
835995	松赫股份	废弃资源综合利用业	标准一A
835996	亿源药业	医药制造业	标准二
836012	百姓网	互联网和相关服务	标准四
836027	金晟环保	造纸和纸制品业	标准一B
836030	金居股份	房屋建筑业	标准一B
836036	昆仑股份	软件和信息技术服务业	标准四
836052	珠海港昇	电力、热力生产和供应业	标准一B
836081	西谷数字	计算机、通信和其他电子设备制造业	标准一B
836106	君逸数码	软件和信息技术服务业	标准一B
836109	山由帝奥	非金属矿物制品业	标准一A
836113	春泉园林	土木工程建筑业	标准一A
836127	亿鑫股份	化学原料和化学制品制造业	标准一B
836153	明邦物流	装卸搬运和运输代理业	标准一A
836193	瑞一科技	医药制造业	标准一B
836208	青矩技术	专业技术服务业	标准一B
836213	金麒麟	土木工程建筑业	标准一B
836253	嘉和融通	道路运输业	标准一B

续表

证券代码	证券简称	行业	满足上市标准
836261	闻道网络	互联网和相关服务	标准一 B
836270	天铭科技	通用设备制造业	标准一 B
836277	中科恒运	软件和信息技术服务业	标准四
836346	亿玛在线	互联网和相关服务	标准一 B
836348	汇恒环保	生态保护和环境治理业	标准二
836392	博为峰	软件和信息技术服务业	标准一 B
836395	朗鸿科技	计算机、通信和其他电子设备制造业	标准一 A
836419	万德股份	化学原料和化学制品制造业	标准一 B
836422	润普食品	食品制造业	标准一 B
836437	瑞诚科技	化学原料和化学制品制造业	标准一 B
836455	中溶科技	化学原料和化学制品制造业	标准一 B
836464	华成智云	软件和信息技术服务业	标准一 A
836479	泰源环保	生态保护和环境治理业	标准一 B
836521	商客通	软件和信息技术服务业	标准一 B
836610	铠甲网络	互联网和相关服务	标准一 B
836625	宝艺股份	造纸和纸制品业	标准一 B
836645	三瑞农科	农业	标准一 B
836665	胜利监理	专业技术服务业	标准一 B
836703	创一新材	非金属矿物制品业	标准一 B
836717	瑞星股份	专用设备制造业	标准一 B
836734	唐鸿重工	汽车制造业	标准一 B
836742	大地测绘	专业技术服务业	标准一 A
836780	新之科技	废弃资源综合利用业	标准二
836800	海钰生物	食品制造业	标准一 A
836805	安徽设计	专业技术服务业	标准二
836809	翔龙科技	通用设备制造业	标准一 B
836818	贝恩施	零售业	标准二
836825	国信创新	互联网和相关服务	标准一 A
836871	派特尔	橡胶和塑料制品业	标准一 B
836874	翔晟信息	软件和信息技术服务业	标准一 A
836885	恒达时讯	软件和信息技术服务业	标准一 B
836888	来邦科技	计算机、通信和其他电子设备制造业	标准一 B
836930	京城医疗	卫生	标准一 A
836942	恒立钻具	专用设备制造业	标准一 B
836954	鼎集智能	软件和信息技术服务业	标准一 A
836964	航天华世	铁路、船舶、航空航天和其他运输设备制造业	标准一 B

续表

证券代码	证券简称	行业	满足上市标准
836972	湘泉药业	医药制造业	标准一B
837022	雄狮装饰	建筑装饰和其他建筑业	标准一A
837023	芭薇股份	化学原料和化学制品制造业	标准二
837033	金色股份	商务服务业	标准一A
837046	亿能电力	电气机械和器材制造业	标准一A
837062	同成医药	化学原料和化学制品制造业	标准一B
837090	泛谷药业	批发业	标准一B
837226	威腾体育	文教、工美、体育和娱乐用品制造业	标准二
837228	华兰海	计算机、通信和其他电子设备制造业	标准一B
837273	南联环资	废弃资源综合利用业	标准一B
837326	同方瑞风	通用设备制造业	标准一A
837331	嘉德股份	通用设备制造业	标准一B
837341	睿恒数控	通用设备制造业	标准一A
837353	佳维股份	化学原料和化学制品制造业	标准一A
837372	泰纳科技	化学原料和化学制品制造业	标准二
837375	丰江电池	电气机械和器材制造业	标准三
837392	天石纳米	化学原料和化学制品制造业	标准一B
837453	通锦精密	通用设备制造业	标准二
837455	邦盛北斗	软件和信息技术服务业	标准一B
837510	明辉股份	农、林、牧、渔服务业	标准一B
837558	宏辉石油	批发业	标准二
837567	中兵通信	计算机、通信和其他电子设备制造业	标准一B
837592	华信永道	软件和信息技术服务业	标准四
837601	天瑞电子	电气机械和器材制造业	标准一A
837663	明阳科技	汽车制造业	标准一B
837666	世纪优优	广播、电视、电影和影视录音制作业	标准二
837748	路桥信息	软件和信息技术服务业	标准一A
837761	创捷传媒	文化艺术业	标准一A
837796	黑马高科	软件和信息技术服务业	标准一A
837821	则成电子	计算机、通信和其他电子设备制造业	标准一B
837833	同科股份	批发业	标准一B
837840	中电科安	软件和信息技术服务业	标准一B
837851	至诚复材	非金属矿物制品业	标准一B
837856	德鲁泰	专用设备制造业	标准一B
837879	博芳环保	生态保护和环境治理业	标准一B
837891	浙伏医疗	专用设备制造业	标准一B
837899	同华科技	生态保护和环境治理业	标准一B

续表

证券代码	证券简称	行业	满足上市标准
837919	天维信息	软件和信息技术服务业	标准一 A
837934	神州能源	燃气生产和供应业	标准一 B
837935	创新股份	非金属矿物制品业	标准一 B
837940	品牌联盟	商务服务业	标准一 B
837950	爱信股份	电信、广播电视和卫星传输服务	标准一 B
837953	圣邦人力	商务服务业	标准一 A
837979	噢易云	软件和信息技术服务业	标准一 B
837998	奥华电子	专用设备制造业	标准一 B
838020	科德科技	化学原料和化学制品制造业	标准一 A
838075	安锐信息	商务服务业	标准二
838162	祥龙科技	计算机、通信和其他电子设备制造业	标准一 A
838168	快鱼电子	计算机、通信和其他电子设备制造业	标准一 A
838171	邦德股份	汽车制造业	标准一 B
838172	芯诺科技	计算机、通信和其他电子设备制造业	标准一 B
838324	广尔数码	批发业	标准一 A
838334	金证互通	商务服务业	标准一 B
838349	乐舱网	装卸搬运和运输代理业	标准一 B
838394	金润股份	非金属矿物制品业	标准一 B
838402	硅烷科技	化学原料和化学制品制造业	标准一 B
838428	恒实股份	专业技术服务业	标准一 A
838463	正信光电	电气机械和器材制造业	标准四
838484	格蕾特	电气机械和器材制造业	标准二
838504	光环国际	教育	标准一 A
838526	鑫英泰	软件和信息技术服务业	标准一 B
838570	豫王建能	建筑装饰和其他建筑业	标准一 B
838571	宏正设计	专业技术服务业	标准一 B
838593	大唐科技	专用设备制造业	标准一 A
838606	新封生态	土木工程建筑业	标准一 A
838624	文龙中美	专业技术服务业	标准一 A
838641	合佳医药	医药制造业	标准一 B
838659	世珍股份	金属制品业	标准一 B
838670	恒进感应	通用设备制造业	标准一 B
838687	陕通股份	燃气生产和供应业	标准一 B
838740	邦源环保	生态保护和环境治理业	标准一 A
838795	风景园林	土木工程建筑业	标准一 B
838798	瑞星时光	零售业	标准一 B
838804	恒泰科技	电气机械和器材制造业	标准一 A

续表

证券代码	证券简称	行业	满足上市标准
838849	东岳机械	专用设备制造业	标准一 B
838858	伊斯佳	化学原料和化学制品制造业	标准一 A
838997	恒驱电机	电气机械和器材制造业	标准一 A
839030	闽雄生物	农副食品加工业	标准一 B
839080	宜净环保	化学原料和化学制品制造业	标准一 A
839085	广东威林	通用设备制造业	标准一 B
839086	圣剑网络	软件和信息技术服务业	标准一 B
839120	壹创国际	专业技术服务业	标准一 B
839123	嘉利通	软件和信息技术服务业	标准一 B
839142	金穗隆	零售业	标准一 B
839164	兴华设计	专业技术服务业	标准一 A
839181	思柏科技	电气机械和器材制造业	标准一 B
839206	睿路传播	商务服务业	标准二
839211	海高通信	软件和信息技术服务业	标准一 A
839216	西施兰	医药制造业	标准一 A
839224	田中科技	橡胶和塑料制品业	标准一 B
839229	欣源股份	电气机械和器材制造业	标准一 B
839275	众信科技	批发业	标准一 A
839281	嘉合智能	建筑安装业	标准一 B
839295	金百汇	新闻和出版业	标准一 B
839373	润华保险	保险业	标准一 A
839391	金恒新材	非金属矿物制品业	标准一 A
839418	控汇股份	计算机、通信和其他电子设备制造	标准二
839463	时代光影	广播、电视、电影和影视录音制作业	标准二
839483	用友金融	软件和信息技术服务业	标准一 B
839515	护航科技	软件和信息技术服务业	标准一 B
839540	安耐杰	科技推广和应用服务业	标准一 A
839551	远茂股份	商务服务业	标准一 B
839573	瑞铂科技	商务服务业	标准一 A
839574	中瑞医药	批发业	标准一 B
839605	晟琪科技	橡胶和塑料制品业	标准一 B
839622	君信品牌	商务服务业	标准一 A
839655	威星电子	软件和信息技术服务业	标准一 A
839697	锐速智能	电气机械和器材制造业	标准一 A
839719	宁新新材	非金属矿物制品业	标准一 B
839725	惠丰钻石	非金属矿物制品业	标准一 B
839737	鸥玛软件	软件和信息技术服务业	标准一 B

续表

证券代码	证券简称	行业	满足上市标准
839750	红河谷	专业技术服务业	标准一 A
839768	瑞科汉斯	电气机械和器材制造业	标准一 B
839777	中构新材	金属制品业	标准二
839790	联迪信息	软件和信息技术服务业	标准一 B
839792	东和新材	非金属矿物制品业	标准一 B
839805	中德生物	仪器仪表制造业	标准一 A
839806	赛肯思	专业技术服务业	标准一 A
839821	铭博股份	汽车制造业	标准一 B
839830	晶晟股份	汽车制造业	标准二
839874	伟泰科技	通用设备制造业	标准一 A
839884	大牧汗	农副食品加工业	标准一 B
839909	粤嵌科技	计算机、通信和其他电子设备制造业	标准一 A
839951	用友汽车	软件和信息技术服务业	标准一 B
870009	安捷股份	道路运输业	标准二
870040	思源股份	软件和信息技术服务业	标准一 A
870053	北方时代	专业技术服务业	标准一 A
870123	安邦电气	电气机械和器材制造业	标准一 A
870140	人人游戏	互联网和相关服务	标准一 A
870145	光博士	专用设备制造业	标准一 A
870156	瑜欣电子	通用设备制造业	标准一 B
870168	博源股份	电气机械和器材制造业	标准一 A
870225	华聪股份	专业技术服务业	标准一 B
870260	邦力达	计算机、通信和其他电子设备制造业	标准一 A
870298	中网华信	软件和信息技术服务业	标准一 B
870299	灿能电力	仪器仪表制造业	标准一 B
870309	中天新能	电气机械和器材制造业	标准一 A
870355	建院股份	土木工程建筑业	标准一 B
870370	西部重工	通用设备制造业	标准二
870381	七九七	计算机、通信和其他电子设备制造业	标准一 B
870382	浦漕科技	电气机械和器材制造业	标准一 B
870417	华西易通	非金属矿物制品业	标准一 A
870487	环威股份	电气机械和器材制造业	标准一 B
870505	隆济时	非金属矿物制品业	标准一 A
870508	丰安股份	通用设备制造业	标准一 B
870512	索拉特	非金属矿物制品业	标准一 B
870536	快达农化	化学原料和化学制品制造业	标准一 B
870558	富润科技	化学原料和化学制品制造业	标准一 A

续表

证券代码	证券简称	行业	满足上市标准
870583	一天电气	电气机械和器材制造业	标准一B
870643	天祥集团	房屋建筑业	标准一B
870706	精标科技	软件和信息技术服务业	标准一A
870801	皖创环保	生态保护和环境治理业	标准一A
870840	鼎欣科技	软件和信息技术服务业	标准一B
870844	金浔股份	有色金属冶炼和压延加工业	标准一B
870866	绿亨科技	农业	标准一B
870892	杭州路桥	土木工程建筑业	标准一B
870970	常熟古建	土木工程建筑业	标准一B
870984	新荣昌	生态保护和环境治理业	标准一B
870992	中百信	软件和信息技术服务业	标准一B
871003	卓力昕	互联网和相关服务	标准二
871005	太环股份	生态保护和环境治理业	标准一A
871037	天和环保	专用设备制造业	标准一A
871082	龙翔药业	医药制造业	标准一A
871129	天济草堂	医药制造业	标准一B
871167	合顺兴	化学原料和化学制品制造业	标准一B
871169	蓝耘科技	软件和信息技术服务业	标准一B
871181	嘉缘花木	土木工程建筑业	标准一B
871229	合力创新	软件和信息技术服务业	标准一B
871248	东元环境	生态保护和环境治理业	标准一A
871282	关爱通	商务服务业	标准一B
871298	华浩环保	生态保护和环境治理业	标准一B
871308	旺峰肉业	农副食品加工业	标准一A
871336	裕龙农牧	畜牧业	标准一B
871412	鸿泰时尚	纺织服装、服饰业	标准一B
871417	华建股份	非金属矿物制品业	标准一B
871424	景古环境	土木工程建筑业	标准一B
871481	中运科技	互联网和相关服务	标准一B
871529	鼎峰科技	非金属矿物制品业	标准一B
871540	飞利达	批发业	标准一B
871556	埃文低碳	商务服务业	标准二
871634	新威凌	有色金属冶炼和压延加工业	标准一A
871655	知行股份	土木工程建筑业	标准一B
871691	易景环境	生态保护和环境治理业	标准一A
871694	中裕科技	橡胶和塑料制品业	标准一B
871700	飞宇电力	建筑安装业	标准二

续表

证券代码	证券简称	行业	满足上市标准
871753	天纺标	专业技术服务业	标准一 B
871791	修路人	非金属矿物制品业	标准一 A
871823	XD 天启新	化学原料和化学制品制造业	标准一 B
871857	泓禧科技	计算机、通信和其他电子设备制造业	标准一 B
871866	力源电力	电气机械和器材制造业	标准二
871874	博纳斯威	通用设备制造业	标准一 B
871927	闽威实业	渔业	标准一 B
871936	金洁水务	水的生产和供应业	标准一 B
871952	国创节能	化学原料和化学制品制造业	标准一 B
871954	朝霞文化	新闻和出版业	标准一 B
871970	大禹生物	食品制造业	标准一 B
871992	恒康药房	零售业	标准一 B
872006	自然种猪	畜牧业	标准一 B
872049	天诚通信	计算机、通信和其他电子设备制造业	标准一 B
872100	宏基新材	非金属矿物制品业	标准二
872145	东日环保	水的生产和供应业	标准一 B
872149	睿中实业	计算机、通信和其他电子设备制造业	标准一 A
872161	风行测控	科技推广和应用服务业	标准一 B
872170	盛达科技	软件和信息技术服务业	标准一 A
872190	雷神科技	计算机、通信和其他电子设备制造业	标准一 B
872199	宇洪科技	电气机械和器材制造业	标准一 B
872204	博可生物	食品制造业	标准一 A
872230	青岛积成	软件和信息技术服务业	标准一 B
872247	银山股份	农、林、牧、渔服务业	标准一 B
872249	金米特	铁路、船舶、航空航天和其他运输设备制造业	标准一 B
872267	金发股份	房地产业	标准一 A
872272	华达建业	专业技术服务业	标准一 B
872304	天浩科技	汽车制造业	标准一 A
872325	丽宫食品	酒、饮料和精制茶制造业	标准二
872337	卓奥科技	计算机、通信和其他电子设备制造业	标准一 A
872351	华光源海	装卸搬运和运输代理业	标准一 A
872374	云里物里	计算机、通信和其他电子设备制造业	标准一 A
872376	农好股份	农副食品加工业	标准一 B
872392	佳合科技	造纸和纸制品业	标准一 B
872417	荣骏检测	专业技术服务业	标准一 B
872504	新日月	房地产业	标准一 B

续表

证券代码	证券简称	行业	满足上市标准
872511	智林股份	软件和信息技术服务业	标准一B
872515	启创环境	生态保护和环境治理业	标准一B
872516	时代银通	软件和信息技术服务业	标准一B
872522	腾飞人才	商务服务业	标准一A
872538	喜跃发	非金属矿物制品业	标准一A
872559	长河科技	软件和信息技术服务业	标准二
872568	鸿润食品	农副食品加工业	标准一B
872595	海通期货	资本市场服务	标准一B
872598	中物网	互联网和相关服务	标准二
872610	妙音动漫	广播、电视、电影和影视录音制作业	标准一B
872632	钢劲型钢	金属制品业	标准一A
872665	交设股份	专业技术服务业	标准一B
872668	景弘盛	电气机械和器材制造业	标准一B
872677	天朔医疗	专用设备制造业	标准一B
872748	凯凯农科	农业	标准一B
872753	宏宇环境	专业技术服务业	标准一B
872757	晋龙股份	畜牧业	标准四
872759	玮硕恒基	计算机、通信和其他电子设备制造业	标准一B
872799	益康药业	医药制造业	标准一A
872808	曙光数创	通用设备制造业	标准一B
872868	四零七	卫生	标准一B
872888	如石股份	专用设备制造业	标准一B
872895	花溪科技	专用设备制造业	标准一B
872896	新威环境	其他服务业	标准二
872967	蓉中电气	电气机械和器材制造业	标准一B
872986	东方世纪	软件和信息技术服务业	标准一A
873017	渝欧跨境	零售业	标准一B
873033	康远股份	农副食品加工业	标准一A
873043	云科数据	软件和信息技术服务业	标准一A
873053	荣程新材	批发业	标准二
873063	鑫凯瑞	软件和信息技术服务业	标准一B
873083	博菱电器	电气机械和器材制造业	标准一B
873085	春晖园林	土木工程建筑业	标准一B
873087	友诚科技	电气机械和器材制造业	标准一A
873111	攸特电子	计算机、通信和其他电子设备制造业	标准二
873116	朗晖化工	批发业	标准一B
873122	中纺标	专业技术服务业	标准一B

续表

证券代码	证券简称	行业	满足上市标准
873167	新赣江	医药制造业	标准一 B
873169	七丰精工	通用设备制造业	标准一 B
873223	荣亿精密	通用设备制造业	标准一 A
873239	科苑生物	化学原料和化学制品制造业	标准一 B
873305	九菱科技	金属制品业	标准一 B
873312	佳能科技	金属制品业	标准一 A
873331	东海长城	批发业	标准一 B
873359	威宁能源	电力、热力生产和供应业	标准二
873366	凯利核服	商务服务业	标准一 B
873390	中延菌业	农业	标准一 A
873391	华阳制动	汽车制造业	标准二
873425	隆基电磁	专用设备制造业	标准一 B
873433	齐鲁云商	互联网和相关服务	标准一 B
873459	鼎丰股份	木材加工和木、竹、藤、棕、草制品业	标准一 B
873469	银杉股份	非金属矿物制品业	标准一 A
873495	思创科技	软件和信息技术服务业	标准一 A
873496	峆云信息	软件和信息技术服务业	标准一 B
873500	博克斯	仪器仪表制造业	标准一 B
873510	三新股份	化学原料和化学制品制造业	标准一 B
873520	华友文保	文化艺术业	标准一 A
873527	夜光明	化学原料和化学制品制造业	标准一 A
873576	天力复合	畜牧业	标准一 B
873577	菲尔特	金属制品业	标准一 A
873599	振通检测	专业技术服务业	标准一 A

第4章 | 投资机构

投资机构是经济活动中的泛称概念、应用型概念。一般是指直接实施投资的机构和企业；从广义说，也可包括以执行投资为职能的专业管理机构。

4.1 上市前融资

北交所IPO上市前引入投资机构，有利于填补企业发展过程中遇到的资金缺口。当业务发展到一定程度，大部分企业会积极寻求融资的机会。通过融资，一方面可借助资本的力量快速拓展业务，另一方面可吸引优秀人才，聚集行业资源。上市前的A轮、B轮、Pre-IPO融资，企业可以迅速发展壮大、优化战略、扩大规模、增长利润，为日后的IPO做好充分的准备。

4.1.1 如何引入投资机构

服务型企业成长到100人左右的规模，年收入超过1000万元时，比较适合做首轮股权融资；制造业企业年税后净利超过500万元时，比较适合安排首轮股权融资。

这些节点与企业融资时的估值有关，如果企业没有成长到这个阶段，融资时企业的估值就上不去，投资机构可能因为企业规模太小而缺乏投资意愿。如果企业估值达到相关标准，成功融资后，不仅可以改善企业经营状况，还能进一步提高企业估值。

比如，假设企业上市前一年的利润是5000万元，IPO时的市盈率是15倍，那么企业的市值可以达到7.5亿元，出售20%的股权可以融资1.5亿元的资本。

一般来说，引入投资机构前后，需要对接的流程事项包括以下几项。

①初步洽商，形成初步投资意向。

②投资方开展商务尽调，初步了解公司组织、业务情况。

③双方均有进一步意向，签署Term Sheet（投资清单）。

④投资方聘请律师、会计师对公司开展正式的尽职调查（通常包含法律调查、财务调查）。

⑤投资方内部决策是否投资，以及具体投资方案。

⑥根据方案，公司开展前期调整。

⑦投资方出具正式的交易文件（通常包含增资协议、股东协议）。

⑧双方就交易文件开展磋商、谈判。

⑨签署交易文件，以及附属的交割文件。

⑩办理工商变更登记手续，完成交割。

4.1.2 私募关心的主要问题

私募，即私募投资基金，是指以非公开发行方式向合格投资者募集的，投资于股票、股权、债券、期货、期权、基金份额及投资合同约定的其他投资标的（如艺术品、红酒等）的投资基金，简称私募基金。

私募对融资者关心的主要问题，如图4-1所示。

图 4-1　私募对融资者关心的主要问题

1.股权结构

融资企业合理的股权结构，对于引入投资人有积极的帮助，同时也能降低在引入投资人时股权调整的繁琐程序，避免潜在的税务成本。

从企业内部的股权结构来说，企业内部应当存在一两个核心股东，股东之间的意见较容易达成一致，不会因为股权分散而导致无法形成有效的企业内部决策。同时，企业内部应当尽量减少"股权代持"的股权安排，一方面股权代持会导致企业股东的不明确；另一方面，股权代持也是企业上市或挂牌时的重大阻碍，需要进行股份还原。

从企业外部来说，企业创始人应当尽量避免向外投资多家企业的情况，尤其是不同企业所属同一行业，否则会产生潜在的

"同业竞争""关联交易"问题，因为"同业竞争""关联交易"可能影响投资资金的安全，并且会对企业未来上市、挂牌造成障碍。

2.主营业务

募股关心的企业主营业务，主要考虑以下几个问题，如图4-2所示。

图 4-2　主营业务

①市场。市场就是企业所从事的行业和细分领域，这是第一位决定性的。市场方面主要围绕两个问题：市场需求和企业所能触及的市场规模。

"你解决的问题是不是真正存在的问题"是需要验证，并且是用数据和客观事实说话，不是企业和投资人拍脑袋想出来的。企业需要验证并回答："产品是否有人用""是否愿意花钱用""愿意花多少钱用"的问题。

而市场规模，是"所能触及的市场"。比如中国餐饮行业3万多亿元的市场规模，可创业开一家餐馆，显然不能说"市场规模上万亿元"。餐馆是高端还是低端？中餐还是西餐？兰州拉面还是自助海鲜？显然每个类别下的市场规模是不一样的。引入投资机构需要将自己企业所触及的市场规模分析清楚，明确企业的战场到底在哪里。

②团队。人是最大的变数，也是关键因素之一。投资机构看中企业的创始人应当是真诚的，而不是迎合。投资人希望看到的企业创始人是一个拥有赚钱能力又不会把投资人坑了的人。

尤其是一些早期项目，尚不具备盈利能力，团队因素十分重要。优秀的团队能把普通的事情做伟大；一般的团队能把伟大的事情做平庸。种子轮、天使轮的投资项目，因看中团队而决定投资的机构不在少数，所以融资对企业创始人和团队的考量尤其重要。理想的团队应该有职业追求，有与项目相匹配的背景，企业高管间技能、性格互补，团队领导人知道自己的短板，并有意愿和能力补齐。

③产品。任何创意、任何行业资源终归要落实到产品上，用产品来验证成果。

私募关心的产品问题，主要包括产品路线是否可行，是否守得住市场，哪些功能最重要需要一开始做，哪些可以后面再加，依据是什么，产品背后的逻辑是什么，等等。一般来说，要从最能满足客户需求的核心功能做起。

④商业模式。商业模式可以分为"卖用户"和"卖货"，一

般来说，投资机构对平台型、技术型企业的偏好会高于纯内容型企业。

卖用户型商业模式需要拥有一定用户量和良好的用户黏性，从而导流帮助别人更好地卖货；卖货型商业模式比较直接，就是生产优质的产品或提供优质的服务，然后出售。不管卖什么，各个环节的风险和规避都要仔细研究。

3.风险因素

原则上，被投资的企业应当确保不存在实质影响企业业务持续经营的重大风险。若投资人对企业开展尽职调查后终止了投资，极有可能是企业存在核心的重大风险。

投资人认为的核心风险主要包括以下几种。

①经营业务不合规，例如商业模式违反法律或存在法律上巨大的不确定性。

②财务状况不规范，财务账册等原始凭证缺失。

③存在潜在的高额赔偿诉讼案件、行政处罚等或有支出。

④核心经营资源存在缺陷，例如以知识产权为主的文化公司，大量知识产权权利不明确等。

⑤业务依赖某些特定客户。

⑥公司内部股权不明晰，存在过多的代持等内部约定。

⑦创始人存在多家公司，构成"同业竞争"并存在大量"关联交易"，短期内无法改善。

当然，企业经营早期可能不完全规范，总会存在一些问题，如员工社保没有缴足、欠税、经营收入两本账、经营地址与注册地址不一致等问题，投资人进入之前这些都是小问题，但投资人要进入，期待企业将来能上市，就会按照上市的标准来要求企业进行规范化处理，这些就被当作"问题"来对待。投资人会要求原始股东承诺，如果将来因为这些问题造成企业、投资人利益受损，原始股东要承担责任，给予相应赔偿。

4.1.3 私募机构的选择

优质的企业往往不缺投资机构，但是面临如何选择投资机构的问题。在选择投资机构时，除了考虑投资资金多少之外，还需要考虑其他因素，包括以下三种，如图4-3所示。

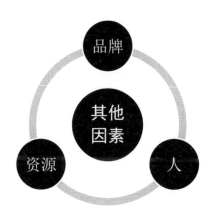

图 4-3　选择私募机构要考虑的其他因素

1.品牌

有品牌的投资人能给企业带来品牌溢价。有品牌的投资人都投资了，说明企业肯定不错，这样各种资源之间会有良性互动。

2.人

人的因素，就是具体看看投资机构的负责人是谁，实际领导是谁，和企业的沟通如何，是否懂这个行业，是不是和企业投缘。

3.资源

了解投资机构在行业里有多少资源，早、中期企业还是为生存和发展而战，需要找到能帮助企业进一步成长的投资机构。不过对所谓的资源也要有清晰的认识，不能过度依赖，就算投资人投了很多行业内有资源的企业，通常投资机构也是小股东。机构可以引荐你认识相关资源，但落实具体问题，还须依靠自己。

4.1.4 私募机构的退出

投资的目的当然是为了赚钱，赚钱主要靠的就是企业成长所带来的股权增值。

私募机构投资人中，纯自有资金投资的暂不多谈，多数是对外募集别人资金完成投资的。对外募资的基金，主要赚两类钱：一类是管理费，另一类是超额收益。以超额收益20%为例，投资机构退出本金偿还给投资人后，投资收益的20%分给投资机构。

投资机构的退出，一般通过包括IPO、并购、老股转让等途径实现，如图4-4所示。

图 4-4　投资机构的退出渠道

IPO退出是私募股权最好的退出机制之一。当企业上市之后，投资机构会有计划地分批次转让之前所取得的股权，将其以非常小的交易成本出售，从而实现私募股权基金的顺利退出。

被并购退出也是投资机构常用的路径之一，收购退出成本较低，程序更加迅速简明，时间更短，并且退出时不会涉及公开的信息披露问题，没有太大的风险。

老股转让则依据企业股票交易行情，在股价抬高升值后卖出，也能实现盈利。

4.2 如何与投资机构谈判

企业与投资机构谈判的重点通常是估值与对赌问题，对此通常的约定是：如果企业未来的获利能力达到业绩增长指标，由融资方行使估值调整的权利，以弥补其因企业价值被低估而遭受的损失；否则，由投资方行使估值调整的权利，以补偿其因企业价值被高估而遭受的损失。

4.2.1 企业估值

企业早期阶段估值时，可参照同行业企业，根据资金使用计划确定合理融资金额，为未来估值正常留下空间；同时平衡让渡给投资人的股权比例，综合确定估值。在确定估值时，综合考虑以下要素。

第一，确保融资规模能够满足下轮融资前的资金支出，一般以本轮融资完成后一年预估为宜。

第二，若本次融资以达成某一事项为目标，例如开发一个产品方案，或者完成产品的量产目标，则应当以完成该事项后半年所需的资金量作为参考。

第三，若企业首轮融资的，创始人让渡的股权比例不宜超过20%。并合理预测后续2～3轮的融资需求，根据可能的融资轮次计算企业股东可能被稀释的股权比例，通常在B轮融资后，控股股东股权比例应保持在50%以上。

估值方面，过高或过低都存在一定问题。

过高的估值可能会导致：①企业未来融资时估值上升空间减小，容易触发投资人行使反稀释权；②若企业初期发生结构调整，高估值可能引起较高的税负。

过低的估值可能会导致：①创始人让渡的股权比例过多；②可能导致融资金额不足。

4.2.2 对赌协议（估值调整）

对赌协议是种企业估值与投融资方持股比例调整的一种约定安排。从现有法院生效判决来看，法院整体上认为对赌协议是估值调整机制，它是私募股权投资行为中常见的融资契约，即对于投资方与股东之间的对赌协议效力采取认可态度，但对于投资方与目标企业之间对赌协议的效力采取否定态度，这可能会导致目标企业资本的抽逃并损害企业债权人的利益。

仲裁机构与法院相比，对于投资人与企业之间对赌的态度更为开放。仲裁机构倾向认为，只要相关协议是在遵循平等自愿、公平合理、诚实信用的基础上签订的，对赌条款本身就不会构成违法。

在对赌协议中，企业与企业大股东通常处于相对弱势的地位，资金方处于强势地位。资金方通常要求企业完成业绩承诺，业绩补偿和上市时间约定也是协议中的重要条款。其他还包括诸如回购条款、管理层安排、优先购股权、优先清算权、反稀释权等。

4.2.3 一票否决权

在融资过程中，投资人都会要求在股东会、董事会中的一票否决权，即某些事项如果投资人不同意，则不能实施。企业接受投资方一票否决权的安排，便会构成对企业创始团队经营管理权的制约和限制。

一票否决权作为投资人保护自身利益的重要手段，投资人不会轻易放弃。因此，从企业的角度来说，需要和投资人磋商，将与投资人利益密切相关的事项给予一票否决权；但对于直接涉及企业经营管理的事项，企业管理层则应当争取要求投资人豁免一票否决的权利，以保证企业管理层对于企业业务经营的自主权。

第5章 ｜ 上市和再融资常见问题

　　本章结合证监会《首发业务若干问题解答》《再融资业务若干问题解答》相关规定，以问答的形式，对涉及企业北交所上市和再融资的常见问题进行解答。这些有助于读者理解审核机构对于常见上市投融资问题的解释，并对企业后续投融资行为提供指导与参考。

5.1 股东资格与锁定期

发行人申报前后新增股东的，应如何进行核查和信息披露？股份锁定如何安排？

5.1.1 申报前后引入新股东的相关要求

申报前后引入新股东的相关要求如下。

1.申报前新增股东

对IPO前通过增资或股权转让产生的股东，应主要考察申报前一年新增的股东，核查新股东的基本情况、产生新股东的原因、股权转让或增资的价格及定价依据，有关股权变动是否是双方真实意思表示，是否存在争议或潜在纠纷，新股东与其他股东、董事、监事、高级管理人员、本次发行中介机构及其负责人、高级管理人员、经办人员是否存在亲属关系、关联关系、委托持股、信托持股或其他利益输送安排，新股东是否具备法律、法规规定的股东资格。

在招股说明书信息披露时，除满足招股说明书信息披露准则的要求外，如新股东为法人，应披露其股权结构及实际控制人；如为自然人，应披露其基本信息；如为合伙企业，应披露合伙企业的普通合伙人及其实际控制人、有限合伙人的基本信息。最近一年末资产负债表日后增资扩股引入新股东的，申报前须增加一期审计。

股份锁定方面，申报前6个月内进行增资扩股的，新增股份的持有人应当承诺：新增股份自发行人完成增资扩股工商变更登记手续之日起锁定3年。在申报前6个月内从控股股东或实际控制人处受让的股份，应比照控股股东或实际控制人所持股份进行锁定。

2.申报后新增股东

申报后，通过增资或股权转让产生新股东的，原则上发行人应当撤回发行申请，重新申报。但股权变动未造成实际控制人变更，未对发行人股权结构的稳定性和持续盈利能力造成不利影响，且符合下列情形的除外：新股东产生系因继承、离婚、执行法院判决或仲裁裁决、执行国家法规政策要求或由省级及以上人民政府主导，且新股东承诺其所持股份上市后36个月之内不转让、不上市交易（继承、离婚原因除外）的。

在核查和信息披露方面，发行人申报后产生新股东且符合上述要求无须重新申报的，应比照申报前一年新增股东的核查和信息披露要求处理。

5.1.2 "三类股东"的核查及披露要求

发行人在新三板挂牌期间形成契约性基金、信托计划、资产管理计划等"三类股东"的，对于相关信息的核查和披露有什么要求？

发行人在新三板挂牌期间形成"三类股东"持有发行人股份的，应从以下方面核查披露相关信息。

①应核查确认企业控股股东、实际控制人、第一大股东不属于"三类股东"。

②应核查确认发行人的"三类股东"依法设立并有效存续，已纳入国家金融监管部门有效监管，并已按照规定履行审批、备案或报告程序，其管理人已依法注册登记。

③应当按照首发信息披露准则的要求对"三类股东"进行信息披露。通过协议转让、特定事项协议转让和大宗交易方式形成的"三类股东"，应对控股股东、实际控制人、董事、监事、高级管理人员及其近亲属，本次发行的中介机构及其负责人、高级管理人员、经办人员是否直接或间接在该"三类股东"中持有权益进行核查。

④应核查确认"三类股东"已作出合理安排，可确保符合现行锁定期和减持规则要求。

5.1.3 锁定期安排

如何理解适用《发行监管问答——关于首发企业中创业投资基金股东的锁定期安排》中关于控股股东、实际控制人所持股票锁定期的相关要求？

发行人控股股东和实际控制人所持股份自发行人股票上市之日起36个月内不得转让，控股股东和实际控制人的亲属所持股份应比照该股东本人进行锁定。

对于发行人没有或难以认定实际控制人的，为确保发行人股权结构稳定、正常生产经营不因发行人控制权发生变化而受到影响，审核实践中，要求发行人的股东按持股比例从高到低依次承诺其所持股份自上市之日起锁定36个月，直至锁定股份的总数不低于发行前股份总数的51%。

位列上述应予以锁定51%股份范围的股东，符合下列情形之一的，可不适用上述锁定36个月的规定：员工持股计划；持股5%以下的股东；根据《发行监管问答——关于首发企业中创业投资基金股东的锁定期安排》可不适用上述锁定要求的创业投资基金股东。对于相关股东刻意规避股份限售期要求的，仍应按照实质重于形式的原则进行股份锁定。

5.1.4 员工持股计划

新《证券法》实施后，发行人在首发申报前实施员工持股计划的，信息披露有哪些要求？中介机构应当如何进行核查？

1.首发申报前实施员工持股计划应当符合的要求

首发申报前实施员工持股计划的，原则上应当全部由企业员工构成，体现增强企业凝聚力、维护企业长期稳定发展的导向，建立健全激励约束长效机制，有利于兼顾员工与企业长远利益，为企业持续发展夯实基础。

员工持股计划应当符合下列要求。

①发行人实施员工持股计划，应当严格按照法律、法规、规章及规范性文件要求履行决策程序，并遵循企业自主决定、员工自愿参加的原则，不得以摊派、强行分配等方式强制实施员工持股计划。

②参与持股计划的员工，与其他投资者权益平等，盈亏自负，风险自担，不得利用知悉企业相关信息的优势，侵害其他投资者合法权益。员工入股应主要以货币出资，并按约定及时足额缴纳。按照国家有关法律法规，员工以科技成果出资入股的，应提供所有权属证明并依法评估作价，及时办理财产权转移手续。

③发行人实施员工持股计划，可以通过公司制企业、合伙制企业、资产管理计划等持股平台间接持股，并建立健全所持股份在平台内部的流转、退出机制，以及所持发行人股权的管理机制。参与持股计划的员工因离职、退休、死亡等原因离开企业的，其间接所持股份权益应当按照员工持股计划章程或协议约定的方式处置。

2.员工持股计划计算股东人数的原则

①依法以公司制企业、合伙制企业、资产管理计划等持股平台实施的员工持股计划，在计算公司股东人数时，要按一名股东计算。

②参与员工持股计划时为企业员工，离职后按照员工持股计划章程或协议约定等仍持有员工持股计划权益的人员，可不视为外部人员。

③新《证券法》施行之前（即2020年3月1日之前）设立的员工持股计划，参与人包括少量外部人员的，可以不清理，在计算企业股东人数时，企业员工按照一名股东计算，外部人员按实际人数穿透计算。

3.信息披露要求

发行人应在招股说明书中充分披露员工持股计划的人员构成、人员离职后的股份处理、股份锁定期等内容。

4.中介机构核查要求

保荐机构及律师应当对员工持股计划的设立背景、具体人员构成、价格公允性、员工持股计划章程或协议约定情况、员工减持承诺情况、规范运行情况及备案情况进行充分核查，并就员工持股计划实施是否合法合规，是否存在损害发行人利益的情形发表明确意见。

5.2 募集资金

募集资金是指上市公司公开发行证券（包括首次公开发行股票、配股、增发、发行可转换公司债券、发行分离交易的可转换公司债券等）以及非公开发行证券向投资者募集的资金，但不包括上市公司股权激励计划募集的资金。

5.2.1 募集资金用途符合产业政策

再融资办法规定，上市公司再融资募集资金用途需符合国家产业政策。关于募集资金用途是否符合国家产业政策，有哪些注意事项？

1.募投项目是否符合国家产业政策的披露和核查要求

应当在募集说明书或预案中披露募投项目的审批、核准或备案情况。

应当对募投项目是否符合国家产业政策进行核查。如果募投项目不符合国家产业政策的，保荐机构及发行人律师应当审慎发表相关意见。

2.募集资金投资后把握的原则

原则上不得使用募集资金投资于产能过剩行业（过剩行业的认定以国务院主管部门的规定为准）或投资于《产业结构调整指导目录》中规定的限制类、淘汰类行业。如涉及特殊政策允许投资上述行业的，应当提供有权机关的核准或备案文件，以及有权机关对相关项目是否符合特殊政策的说明。

另外，鉴于过剩产能相关文件精神为控制总量、淘汰落后产能、防止重复建设、推动结构调整，对偿还银行贷款或补充流动资金、境外实施、境内收购等不涉及新增境内过剩产能的项目，以及投资其他转型发展的项目，不受上述限制。

3.关于境外投资

2017年8月，国家发展改革委、商务部、人民银行、外交部发布《关于进一步引导和规范境外投资方向的指导意见》（国办发[2017]74号），明确房地产、酒店、影城、娱乐业、体育俱乐部等境外投资，在境外设立无具体实业项目的股权投资基金或投资平台，使用不符合投资目的国家技术标准要求的落后生产设备开展境外投资，赌博业、色情业境外投资等属于限制类或禁止类的对外投资。

募投项目涉及境外投资的，应当根据《企业境外投资管理办法》等相关规定取得发改部门的核准或备案文件，完成商务部门核准或备案并取得其颁发的企业境外投资证书。

应当对境外投资的境内审批是否已全部取得，本次对外投资项目是否符合国家法律法规政策的规定进行核查。如涉及特殊政策允许进行境外投资的，应当提供有权机关对项目是否符合特殊政策的说明，并充分披露风险。

5.2.2 募投项目实施方式

募投项目实施方式，需注意哪些事项？有何信息披露或核查要求？

①为了保证发行人能够对募投项目实施进行有效控制，原则上要求实施主体为母公司或其拥有控制权的子公司，但国家法律法规或政策另有规定的除外。拟通过参股公司实施募投项目的，需同时满足下列要求：上市公司基于历史原因一直通过该参股公司开展主营业务；上市公司能够对募集资金进行有效监管；上市公司能够参与该参股公司的重大事项经营决策；该参股公司有切实可行的分红方案。

②通过新设非全资控股子公司或参股公司实施募投项目的，应当关注与其他股东合作原因、其他股东实力及商业合理性，并就其他股东是否属于关联方、双方出资比例、子公司法人治理结构、设立后发行人是否拥有控制权等进行核查。

③通过非全资控股子公司或参股公司实施募投项目的，应当说明中小股东或其他股东是否同比例增资或提供贷款，同时需明确增资价格和借款的主要条款（贷款利率）。应当结合上述情况核查是否存在损害上市公司利益的情形。

④通过与控股股东、实际控制人、董事、监事、高级管理人员及其亲属共同出资设立的公司实施募投项目的，应当披露或核查以下事项：应当披露该公司的基本情况，共同设立公司的原因、背景、必要性和合规性、相关利益冲突的防范措施，通过该公司实施募投项目的原因、必要性和合理性；共同投资行为是否履行了关联交易的相关程序及其合法合规性。

5.2.3 募集资金投向

再融资审核中对于募集资金投向有何监管或披露要求？

①上市公司募集资金应当专户存储，不得存放于集团财务公司。募集资金应服务于实体经济，符合国家产业政策，主要投向主营业务，原则上不得跨界投资影视或游戏。除金融类企业外，募集资金不得用于持有交易性金融资产和可供出售金融资产、借予他人、委托理财等财务性投资和类金融业务。

②募集资金用于收购企业股权的，发行人原则上应于交易完成后取得标的企业的控制权。募集资金用于跨境收购的，标的资产向母公司分红不应存在政策或外汇管理上的障碍。

③应当充分披露募集资金投资项目的准备和进展情况、实施募投项目的能力储备情况、预计实施时间、整体进度计划以及募投项目的实施障碍或风险等。原则上，募投项目实施不应存在重大不确定性。

④召开董事会审议再融资时，已投入的资金不得列入募集资金投资构成。

⑤募集资金用于补流还贷等非资本性支出的，按《再融资业务若干问题解答（2020年6月修订）》第21项对于募集资金用于补充流动资金、偿还银行借款等非资本性支出的监管要求执行。

⑥应重点就募投项目实施的准备情况，是否存在重大不确定性或重大风险，是否具备实施募投项目的能力进行详细核查。应以平实、简练、可理解的语言对募投项目进行描述，不得通过夸大描述、讲故事、编概念等形式误导投资者。

5.2.4 补充流动资金和偿还银行贷款

对于募集资金用于补充流动资金、偿还银行借款等非资本性支出，审核中有何具体监管要求？

在再融资审核中，对募集资金补充流动资金或偿还银行贷款按如下要求把握。

①再融资补充流动资金或偿还银行贷款的比例执行《发行监管问答——关于引导规范上市公司融资行为的监管要求》中的有关规定。

②金融类企业可以将募集资金全部用于补充资本金。

③募集资金用于支付人员工资、货款、铺底流动资金等非资本性支出的，视同补充流动资金。资本化阶段的研发支出不计入补充流动资金。

④应结合公司业务规模、业务增长情况、现金流状况、资产构成及资金占用情况，论证说明本次补充流动资金的原因及规模的合理性。

⑤对于补充流动资金规模明显超过企业实际经营情况且缺乏合理理由的，应就补充流动资金的合理性审慎发表意见。

⑥募集资金用于收购资产的，如本次发行董事会前已完成资产过户登记的，本次募集资金用途应视为补充流动资金；如本次发行董事会前尚未完成资产过户登记的，本次募集资金用途应视为收购资产。

5.2.5 前次募集资金使用情况报告

在再融资审核中，对于出具及提供前次募集资金使用情况报告，我们应注意哪些事项？

①前次募集资金到账时间距今未满5个会计年度的，董事会应按照《关于前次募集资金使用情况报告的规定》（证监发行字[2007]500号）编制《前次募集资金使用情况报告》，经会计师鉴证并提请股东大会审议。

②最近5年存在多次再融资的，原则上提供最后一次募集资金使用的有关信息。但募集资金未使用完毕或募投项目效益与预期差异较大的除外。

③如截止最近一期末募集资金使用发生实质性变化，也可提供截止最近一期末经鉴证的前募报告。

④前次募集资金使用不包含发行公司债券或优先股，但应披露发行股份购买资产的实际效益与预计效益的对比情况。

⑤申请发行优先股的，不需要提供《前次募集资金使用情况报告》。

⑥会计师应当以积极方式对《前次募集资金使用情况报告》是否已经按照《关于前次募集资金使用情况报告的规定》（证监发行字[2007]500号）编制，以及是否如实反映了上市公司前次募集资金使用情况发表鉴证意见。

⑦《关于前次募集资金使用情况报告的规定》（证监发行字[2007]500号）中的承诺业绩既包含公开披露的预计效益，也包括公开披露的内部收益率等项目评价指标或其他财务指标所依据的收益数据。在将实际业绩和预计效益进行对比时，应说明业绩或效益的具体口径。

5.3 其他投融资问题

其他问题，比如财务性投资、对赌事项、非公开发行股票认购对象资金来源等。

5.3.1 财务性投资

2020年2月证监会发布《发行监管问答——关于引导规范上市公司融资行为的监管要求（修订版）》，明确上市公司申请再融资时，除金融类企业外，原则上最近一期末不得存在持有金额较大、期限较长的交易性金融资产和可供出售的金融资产、借予他人款项、委托理财等财务性投资的情形。

对于上述财务性投资的要求，应当如何理解？

①财务性投资的类型包括但不限于：类金融；投资产业基金、并购基金；拆借资金；委托贷款；以超过集团持股比例向集团财务公司出资或增资；购买收益波动大且风险较高的金融产品；非金融企业投资金融业务等。

②围绕产业链上下游以获取技术、原料或渠道为目的的产业

投资，以收购或整合为目的的并购投资，以拓展客户、渠道为目的的委托贷款，如符合公司主营业务及战略发展方向，不界定为财务性投资。

③金额较大指的是，公司已持有和拟持有的财务性投资金额超过公司合并报表归属于母公司净资产的30%（不包括对类金融业务的投资金额）。期限较长指的是，投资期限或预计投资期限超过一年，以及虽未超过一年但长期滚存。

④本次发行董事会决议日前6个月至本次发行前新投入和拟投入的财务性投资金额应从本次募集资金总额中扣除。

⑤应结合投资背景、投资目的、投资期限以及形成过程等，就是否属于财务性投资发表意见。

⑥上市公司投资类金融业务，适用《再融资业务若干问题解答（2020年6月修订）》第28项类金融业务的有关要求。

5.3.2 对赌事项

部分投资机构在投资发行人时约定对赌协议等类似安排的，发行人及中介机构应当如何把握？

投资机构在投资发行人时约定对赌协议等类似安排的，原则上要求发行人在申报前清理，但同时满足以下要求的可以不用清理。

①发行人不作为对赌协议当事人；

②对赌协议不存在可能导致公司控制权变化的约定；

③对赌协议不与市值挂钩；

④对赌协议不存在严重影响发行人持续经营能力或者其他严重影响投资者权益的情形。

发行人应当在招股说明书中披露对赌协议的具体内容、对发行人可能存在的影响等，并进行风险提示。

5.3.3 非公开发行股票认购对象资金来源

关于非公开发行股票中各认购对象的认购资金来源，发行人和中介机构应当如何进行信息披露或核查？

关于非公开发行股票中董事会决议确定认购对象的，应当披露各认购对象的认购资金来源，是否为自有资金，是否存在对外募集、代持、结构化安排或者直接间接使用发行人及其关联方资金用于本次认购的情形，是否存在发行人及其控股股东或实际控制人直接或通过其利益相关方向认购对象提供财务资助、补偿、承诺收益或其他协议安排的情形。

以竞价方式确定认购对象的，应当在发行情况报告书中披露是否存在发行人及其控股股东或实际控制人直接或通过其利益相关方向认购对象提供财务资助、补偿、承诺收益或其他协议安排的情形。

保荐机构及律师应当对上述事项进行核查，并就信息披露是否真实、准确、完整，是否能够有效维护公司及中小股东合法权益，是否符合中国证监会相关规定发表意见。

第6章 | 北交所上市融资案例

北交所的设立，和以往资本市场的改革不同，它是在支持中小企业创新发展的语境中进行的实践，同时北交所也是国家创新驱动发展战略的重要实施举措，是构建新发展格局、推动高质量发展的战略部署。

6.1 上市发行案例

自北交所成立以来，新三板企业冲击北交所IPO的热度持续上升，多家企业启动上市辅导。目前，多数企业仍然处于基础层，但一些企业已达到北交所上市的财务门槛。下面以威贸电子和同享科技为例来解析北交所上市需要注意的问题。

6.1.1 首次公开发行（威贸电子，833346）

下面以2022年2月23日在北交所上市的威贸电子（833346）为例，简要说明在北交所首发上市融资过程中披露的发行要素。

1.发行基本情况

①发行股票类型：人民币普通股。

②每股面值：1.00元。

③发行股数：本次初始发行的股票数量为20595653股（未考虑超额配售选择权）；本次发行公司及主承销商选择采取超额配售选择权，超额配售选择权发行的股票数量约占本次发行股票数量的

15%（即3089347股），若全额行使超额配售选择权，本次发行的股票数量为23685000股。

④发行股数占发行后总股本的比例：若超额配售选择权行使前为26.43%；若全额行使超额配售选择权后为29.23%。

⑤定价方式：公司和主承销商自主协商选择直接定价方式确定发行价格。

⑥发行数据，如表6-1所示。

表6-1 威贸电子公司发行数据

每股发行价格（元／股）	9.00
发行前市盈率（倍）	19.99
发行后市盈率（倍）	27.17
发行前市净率（倍）	2.59
发行后市净率（倍）	1.94
发行后每股收益（元／股）	0.33
发行前每股净资产（元／股）	3.47
发行后每股净资产（元／股）	4.64
发行前净资产收益率（%）	10.16
发行后净资产收益率（%）	5.11

⑦本次发行股票上市流通情况：淄博威贸投资合伙企业（有限合伙）获配的股票自本次公开发行的股票在北交所上市之日起36个月内不得转让，汇添富基金管理股份有限公司、华夏基金管理有限公司、嘉实基金管理有限公司、宏源汇富创业投资有限公司、开源证券股份有限公司、深圳市丹桂顺资产管理有限公司、重信晨融（青岛）私募股权投资基金合伙企业（有限合伙）、上海诚毅锦冠创业投资合伙企业（有限合伙）获配的股票自本次公开发行

的股票在北交所上市之日起6个月内不得转让。

⑧发行方式：本次发行采用向战略投资者定向配售和网上向开通北交所交易权限的合格投资者定价发行相结合的方式进行。

⑨发行对象：符合国家法律法规和监管机构规定的，已开通北交所股票交易权限的合格投资者。

⑩战略配售情况：本次发行战略配售发行数量为4119130股，占超额配售选择权全额行使前本次发行数量的20%，占超额配售选择权全额行使后本次发行总股数的17.39%。

⑪预计募集资金总额：超额配售选择权行使前为18536.09万元，全额行使超额配售选择权后为21316.50万元。

⑫预计募集资金净额：超额配售选择权行使前为17060.62万元，全额行使超额配售选择权后为19683.62万元。

⑬发行费用概算：发行费用合计为1475.47万元（超额配售选择行使权前）；1632.88万元（若全额行使超额配售选择权），其中：保荐承销费用1105.82万元（超额配售选择权行使前），1263.20万元（全额行使超额配售选择权）；审计及验资费用256.06万元；律师费用97.17万元；信息披露费用4.72万元；发行手续费用及其他11.70万元（超额配售选择权行使前），11.73万元（全额行使超额配售选择权）。

⑭承销方式及承销期：余额包销。

2.募集资金运用

本次募集资金投资项目是围绕公司主营业务展开，着眼于提升公司产品产量、质量技术研发实力及公司，不会导致公司生产经营模式发生变化。各项目均已进行详细的可行性研究，并已制定募集资金的具体使用计划。

2020年9月4日，公司召开2020年第二次临时股东大会审议通过《关于公司申请向不特定合格投资者公开发行股票并在精选层挂牌方案》的议案，2021年11月17日公司召开第三届董事会第六次会议，将公司申请股票向不特定合格投资者公开发行并在精选层挂牌调整更新为申请股票向不特定合格投资者公开发行股票并在北京证券交易所上市。

本次发行募集资金扣除发行费用后，将全部用于以下项目，如表6-2所示。

表 6-2　威贸公司募集资金用途一栏表

单位：万元

项目名称	投资总额（万元）	拟以本次募集资金投资（万元）	发改委备案号	环保备案号	实施主体
新建厂房项目	11000.00	3000.00	2017-310118-41-03-019439	青环保许管【2018】18号	威贸电子
新建厂房项目增加投资	9000.00	9000.00	2020-310118-41-03-002520	青环保许管【2020】176号	威贸电子
偿还银行借款	3000.00	3000.00	—	—	—
补充流动资金	3000.00	3000.00	—	—	—
合计	26000.00	18000.00	—	—	—

若本次发行实际募集资金不能满足上述项目的投资需求，资金缺口通过自筹资金解决。本次发行募集资金到位前，若因经营需要资金先期投入的，本公司拟以自筹资金先期进行投入，待本次发行募集资金到位后，本公司可选择以募集资金置换先期已投入的自筹资金。同时授权董事会在上述范围内对具体项目和具体资金计划作出相应调整。如果本次募集资金最终超过项目所需资金，超出部分将全部用于主营业务。

备案情况如下：2017年12月25日，发行人"新建厂房项目"已在青浦区发展和改革委网上平台备案取得了《上海市企业投资项目备案证明》（项目代码：2017-310118-41-03-019439）；2020年4月27日，发行人"新建厂房项目增加投资"已在青浦区发展和改革委网上平台备案，取得了《上海市企业投资项目备案证明》（项目代码：2020-310118-41-03-002520）。

6.1.2 再融资（同享科技，839167）

截至2022年2月20日，北交所共有2单定向发行案例，均正在审核过程中，现以其中同享（苏州）电子材料科技股份有限公司（简称"同享科技"，股票代码839167）为例进行概括说明。

同享科技向北交所报送向特定对象发行股票（定向增发）申请文件后，于2022年2月9日被北交所正式受理，以下结合同享科技的募集说明书等申报材料，简要说明企业再融资（定向增发）过程中披露的发行要素。

1.发行的背景和目的

（1）发行背景

①受益于光伏产业技术水平不断提升、成本的下降，光伏平价上网时代来临。与以煤炭为代表的常规能源相比，由于技术水平和成本的限制，光伏发电长期在经济效益上处于弱势地位，常规能源成为制约光伏发电大规模应用的重要因素。近年来，随着以冷氢化改造、金刚线切割技术、背面钝化（PERC）技术、异质结太阳能电池（HJT）、双面、多主栅（MBB）、叠瓦、半片等创新技术的大量应用，光伏组件转换效率不断提高，同时随着光伏产业规模化效应，组件以及系统价格不断下降，光伏电站投资成本持续下降，使得光伏发电成本不断降低并逐步向传统能源靠拢，光伏平价时代已经到来。

目前，光伏电价在越来越多的国家和地区已经低于火电电价，成为最具竞争力的电力产品。根据CPIA数据，2020年，全球光伏发电竞价中标电价屡破最低纪录，其中葡萄牙光伏发电最低中标电价达到1.32美分/kWh；2021年4月，光伏发电中标价再创新低，沙特中标价为1.04美分/kWh，相比2020年全球中标电价最低价下降21.2%。

综上所述，随着光伏产业技术水平不断提升、光伏发电成本不断下降，光伏发电平价上网时代已经到来，光伏行业必将改善依赖政府补贴的商业模式，进入大规模发展和应用时期。

②"碳达峰""碳中和"政策导向助力我国光伏产业持续健

康发展。全球变暖对人类的生存与发展构成严峻的挑战。为应对全球变暖带来的影响，世界各国已经纷纷采取行动，实践低碳经济发展模式。作为全球经济大国之一，我国也成为低碳经济的践行者。在2020年12月气候雄心峰会上，我国提出将于2030年前达到二氧化碳峰值，于2060年实现碳中和的节能减排目标，并明确表示到2030年，我国单位国内生产总值二氧化碳排放将比2005年下降65%以上，非化石能源占一次能源消费比重将达到25%左右，森林蓄积量将比2005年增加60亿立方米，风电、太阳能发电总装机容量将达到12亿千瓦以上。

根据国家能源局数据，截至2020年底，我国风电装机2.81亿千瓦、光伏发电装机2.53亿千瓦，合计达5.34亿千瓦，距离到2030年我国风电、太阳能发电总装机容量将达到12亿千瓦以上的目标还有一定差距，因此未来几年光伏产业至少还有一倍的新增装机量。此外，光伏发电较化石能源发电具有低碳排放的优势，是真正的低碳清洁能源，随着未来光伏发电成本不断下降，要实现平价上网，光伏行业无疑将为实现"碳达峰""碳中和"提供强劲引擎。

综上所述，在"碳达峰""碳中和"政策大背景下，我国光伏产业将持续呈现健康向上的发展趋势。

③快速发展的光伏产业为光伏焊带行业带来了良好的市场空间和发展前景。太阳能以其清洁、安全、取之不尽、用之不竭等显著优势，已成为发展最快的可再生能源。近年来全球光伏发电产业快速发展，开发利用太阳能对调整能源结构、推进能源生产和消费革命、促进生态文明建设均具有重要意义。

从全球市场来看，近年来全球光伏发电市场稳步增长，根据欧洲光伏产业协会数据，全球光伏新增装机从2017年的99.10GW（十亿瓦特）增长至2020年的138.2GW，期间复合增速达11.72%，预计2025年全球光伏新增装机在乐观情况下将达到346.7GW，未来5年依旧保持快速增长的态势；相对于欧美等发达国家，我国太阳能光伏行业起步较晚，但我国光伏发电市场发展迅速，根据中国光伏行业协会数据，2020年我国光伏新增装机量已达到48.2GW，较2019年同比增长60.08%，预计到2025年我国光伏新增装机量达90～110GW。我国光伏产业总体呈现稳定上升的发展态势，随着光伏平价上网时代的到来，叠加"碳中和"目标的积极政策影响，光伏行业将进入快速发展阶段。

（2）发行目的

①进一步提升公司光伏焊带生产能力，丰富现有的产品结构，紧跟行业发展趋势。同亨科技公司现已成为国内外主流组件厂商的重要光伏焊带供应商之一。近年来光伏产业得到了迅猛发展，尽管受新冠疫情的影响，2020年全国光伏新增装机量仍达到48.2GW，超出市场预期，至2020年末全球累计光伏装机容量达773.2GW，2020年全球新增装机容量达138.2GW，同比增长18.22%。同时，依据国家能源局2021年1月20日发布的2020年全国电力工业统计数据，截至2020年末，我国太阳能发电累计并网装机容量达253.43GW，相较于2019年增长24.1%，我国光伏产业总体呈现稳定上升的发展态势。

光伏焊带是光伏组件导电的关键部件，其需求量取决于光伏新增装机量以及组件产量。未来随着太阳能光伏行业快速发展，太阳能光伏焊带的需求也将随着太阳能光伏新增装机量的不断增加而逐步释放。目前行业内技术方向主要专注于提升焊带的力学性能和降低焊带的电阻率以及通过优化焊带的表面结构、外观尺寸等来提升光伏焊带对组件降本增效的作用等。然而随着光伏焊带产业竞争加剧，同亨科技公司需要根据下游市场对光伏焊带实际需求的变化不断升级，从而满足日益提升的产品功能及技术要求，保持市场竞争优势，进而维持及提升公司整体盈利能力。通过本次募集资金，同亨科技公司将加大新型光伏焊带产品的投入力度，大力发展SMBB焊带、异形焊带、反光汇流焊带及黑色汇流焊带，进一步优化现有产品结构，形成更加丰富的产品结构，为公司培育新的利润增长点。

②提高制造水平，提升智能自动化制造生产效率。光伏焊带行业的发展历史，也是光伏焊带生产设备自动化水平提升的发展史，光伏焊带研发、生产除了涉及多项高科技、精细化技术（如焊带表面结构处理技术、焊带应力控制技术、焊带屈服控制技术、焊带反光控制技术等）外，提升产品性能很大程度上还是需要依靠设备来实现，同时随着光伏焊带朝着低应力、低电阻、高效率、低成本等方向发展，公司有必要吸收各种高新技术成果，将现有的先进技术积极融入产品生产的全部过程，提升制造水平。若同亨科技公司无法把握住制造技术不断向高加工化和高技术化发展的潮流，将会导致公司制造水平落后，从而削弱公司市场竞争力。通过本次募

集资金，同亨科技公司拟购置先进的生产设备、检测设备，搭建现代化的高效、智能生产线，从生产、检测、包装等环节提升自动化水平，提高制造水平及自动化生产效率，提升公司产品的性能和稳定性。

③为公司业务的快速发展提供流动资金支持。随着未来公司业务规模的进一步扩大，公司对营运资金的需求不断上升，因此公司需要有充足的流动资金来支持经营，进而为公司进一步扩大业务规模和提升盈利能力奠定基础。通过本次向特定对象发行股票，利用资本市场在资源配置中的作用，同亨科技公司将提升资本实力，改善资本结构，扩大业务规模，进一步增强公司的持续盈利能力，推动公司持续稳定发展。

2.发行对象及现有股东的优先认购安排

（1）发行对象

本次发行的对象为符合中国证监会及北京证券交易所规定的法人、自然人或其他合法投资组织；证券投资基金管理公司、证券公司、合格境外机构投资者、人民币合格境外机构投资者以其管理的两只以上产品认购的，视为一个发行对象；信托公司作为发行对象，只能以自有资金认购。

（2）现有股东的优先认购安排

截至本募集说明书签署之日，公司本次向特定对象发行股票尚无确定的发行对象，因而无法确定其他发行对象与公司的关系。公司将在本次发行结束后公告的发行情况报告书中披露发行对象与公司的关系。公司现有股东无优先认购安排。

3.发行方案

（1）发行股票的种类和面值

本次向特定对象发行的股票种类为境内上市人民币普通股，每股面值为1.00元。

（2）发行方式和发行时间

本次发行采取向特定对象发行方式。公司将在中国证监会作出同意注册决定的有效期内择机实施。

（3）认购方式

最终发行对象将在本次发行经北京证券交易所审核通过并经中国证监会同意注册后，根据发行对象申购报价的情况，由公司股东大会授权董事会与保荐机构（主承销商）按照相关法律、法规的规定和监管部门的要求协商确定。

本次发行的发行对象均以同一价格认购本次向特定对象发行的股票，且均以现金方式认购本次发行的股票。

（4）定价原则和发行价格

本次向特定对象发行股票的定价基准日为发行期首日。

本次向特定对象发行股票的发行价格为不低于定价基准日前20个交易日公司股票交易均价的80%，上述均价的计算公式为：

定价基准日前20个交易日股票交易均价=定价基准日前20个交易日股票交易总额/定价基准日前20个交易日股票交易总量

若公司股票在本次发行定价基准日至发行日期间发生派息、送股、资本公积金转增股本等除权、除息事项，则本次发行的发行价格将进行相应调整，调整公式如下：

派送现金股利：$P1=P0-D$；送股或转增股本：$P1=P0/（1+N）$；两项同时进行：$P1=（P0-D）/（1+N）$

其中，$P0$为调整前发行价格，D为每股派发现金股利，N为每股送股或转增股本数，$P1$为调整后发行价格。

最终发行价格将在本次发行申请获得北京证券交易所审核通过并经中国证监会作出同意注册决定后，由公司董事会根据股东大会授权与保荐机构（主承销商）按照相关法律法规的规定和监管部门的要求，遵照价格优先等原则，根据发行对象申购报价情况协商确定，但不低于前述发行底价。

（5）发行数量

本次向特定对象发行股票的数量按照募集资金总额除以发行价格确定，且不超过6000000股（含本数），若按照截至2021年12月31日公司已发行股份总数测算，占比5.81%，未超过发行前公司总股本的30%，最终发行数量将在本次发行获得中国证监会作出同意注册决定后，根据发行对象申购报价的情况，由公司董事会根据股东大会的授权与本次发行的保荐机构（主承销商）协商确定。

若公司在审议本次向特定对象发行事项的董事会决议公告日

至发行日期间发生送股、资本公积金转增股本等除权事项或者因股份回购、员工股权激励计划等事项导致公司总股本发生变化，本次向特定对象发行的股票数量上限将作相应调整。

（6）发行对象关于持有本次定向发行股票的限售安排及自愿锁定的承诺

本次向特定对象发行股票完成后，特定对象所认购的本次发行的股票限售期需符合《北京证券交易所上市公司证券发行注册管理办法（试行）》和中国证监会、北京证券交易所等监管部门的相关规定。发行对象认购的股份自发行结束之日起6个月内不得转让。本次发行对象所取得公司本次向特定对象发行的股票因公司分配股票股利、资本公积金转增等情形所衍生取得的股份亦应遵守上述股份锁定安排。法律法规对限售期另有规定的，依其规定。限售期届满后的转让按中国证监会及北京证券交易所的有关规定执行。

（7）上市地点

本次向特定对象发行的股票将在北京证券交易所上市交易。

（8）本次向特定对象发行股票前公司的滚存未分配利润归属

本次向特定对象发行完成后，为兼顾新老股东的利益，本次发行前滚存的未分配利润将由本次发行完成后的新老股东共享。

（9）关于本次向特定对象发行股票决议有效期限

本次向特定对象发行股票决议的有效期为自公司股东大会审

议通过之日起12个月。

4.本次发行是否构成关联交易

截至本募集说明书签署之日，本次发行尚未确定具体发行对象，最终是否存在因关联方认购公司本次向特定对象发行股票而构成关联交易的情形，公司将在发行情况报告书中予以披露。

5.本次发行是否将导致公司控制权发生变化

截至本募集说明书签署之日，公司控股股东为苏州同友投资管理合伙企业（有限合伙），实际控制人为陆利斌、周冬菊夫妇。公司控股股东同友投资持有公司54630000股，占总股本比例为52.87%。同友投资实际控制人为陆利斌、周冬菊夫妇，同时陆利斌持有公司4320000股，占总股本的比例为4.18%。陆利斌、周冬菊夫妇直接及间接控制公司58950000股表决权股份，占总股本的比例为57.05%。

按照本次发行上限6000000股测算，本次发行完成后本公司控股股东同友投资直接持有公司股份比例为49.97%，仍为本公司的控股股东，陆利斌、周冬菊夫妇直接及间接持有公司股份比例为53.92%，仍为本公司的实际控制人。

因此，本次向特定对象发行股票不会导致公司控制权发生变化。

6.报告期内募集资金的使用情况

（1）募集资金基本情况

①实际募集资金金额、资金到位时间。

2020年6月16日，经中国证券监督管理委员会《关于核准同享（苏州）电子材料科技股份有限公司向不特定合格投资者公开发行股票的批复》（证监许可〔2020〕1166号）核准，公司向不特定合格投资者公开发行不超过15133334股新股，公司于2020年7月2日进行网上、网下股票申购，实际发行股份数量为12000000股，发行价格10.18元/股，发行募集资金总金额为122160000.00元。2020年7月8日，中审众环会计师事务所（特殊普通合伙）对公司公开发行股票的募集资金到位情况进行了审验，并出具了"众环验字（2020）330005号"《验资报告》，验证上述资金已全部到位。

②募集资金存放及管理情况。

为规范募集资金的管理和使用，提高资金使用效率，保护投资者的合法权益，公司制定了《募集资金使用管理办法》，公司和中信建投证券股份有限公司分别与华夏银行股份有限公司吴江支行、宁波银行股份有限公司吴江高新技术产业园区支行、中信银行股份有限公司苏州分行签署了《募集资金三方监管协议》，对募集资金实行专户管理。

截至2021年9月30日，公司募集资金专户的基本情况如表6-3所示。

表 6-3　同享科技募集资金专户情况表

单位：万元

序号	开户银行	账号	金额
1	华夏银行股份有限公司吴江支行	12462000000496604	1.16
2	宁波银行股份有限公司吴江高新技术产业园区支行	75170122000196333	25.80
3	中信银行股份有限公司苏州分行	8112001012900547746	1.09
合计	—	—	28.05

（2）募集资金的实际使用情况

①募集资金使用情况。

截至2021年9月30日，公司募集资金使用的明细情况如表6-4所示。

表 6-4　同享科技募集资金使用明细情况表

单位：万元

项目	金额
募集资金初始存放金额	10951.09
加：理财产品收益、利息收入	27.57
减：手续费	0.13
减：以募集资金置换预先投入募集资金投资项目	572.71
减：研发支出	45.93
减：经营支出	354.07
减：支付设备款	1126.99
减：支付原材料款	4910.79
累计投入小计	7010.62
减：暂时补充流动资金	3940.00
2021 年 9 月 30 日募集资金账户余额	28.05

截至2021年9月30日，公司募集资金账户余额为28.05万元，

暂时补充流动资金金额为3940.00万元，暂时补充流动资金已于2021年11月8日归还公司募集资金账户，上述剩余募集资金将继续用于募集资金投资项目支出。

②公司募投项目投入情况。

截至2021年9月30日，公司募投项目实际投入的情况如表6-5所示。

表6-5　同享科技募投项目实际投入情况表

单位：万元

项目	募集资金承诺投资总额	调整后投资总额	截至期末累计投入金额	截至期末投入进度（％）
年产涂锡铜带（丝）10000吨项目	7200.00	5187.36	3362.35	64.82
新建研发中心项目	3000.00	2161.40	45.94	2.13
补充流动资金项目	5000.00	3602.33	3602.33	100.00
合计	15200.00	10951.09	7010.62	——

③变更募投项目的资金使用情况。

截至2021年9月30日，公司未发生变更募投项目的情况。

④募投项目先期投入及置换情况。

2020年11月9日，公司召开了第二届董事会第十四次会议和第二届监事会第十一次会议，审议通过了《关于使用募集资金置换预先投入募投项目自筹资金》的议案，同意公司以募集资金置换已投入募投项目的自筹资金，公司已于2020年置换以上募集资金，置换涉及金额合计572.71万元。公司本次使用募集资金置换预先投入募投项目自筹资金的事宜已经董事会、监事会审议通过，独立董事已发表明确同意的独立意见，中审众环会计师事务所（特殊普通合伙）出具了专项鉴证报告。

⑤募集资金进行现金管理情况。

公司2020年8月17日召开第二届董事会第十一次会议、第二届监事会第九次会议审议通过了《关于使用部分暂时闲置募集资金进行现金管理》的议案，同意公司在确保不影响募集资金投资项目建设和使用的情况下，使用最高额度不超过6500.00万元的闲置募集资金购买安全性高、流动性好的保本型理财产品、定期存款或结构性存款等产品。

报告期内，公司运用募集资金购买理财产品的情况具体如表6-6所示。

表 6-6　同享科技运用募集资金购买理财产品的情况表

单位：万元

序号	存放银行	理财金额	理财收益	理财期限	理财产品名称
1	宁波银行股份有限公司吴江高新技术产业园区支行	2161.00	9.08	2020 年 9 月 3 日 ～ 2020 年 11 月 5 日	7 天通知存款
2	华夏银行股份有限公司吴江支行	600.00	1.23	2020 年 9 月 7 日 ～ 2020 年 10 月 16 日	7 天通知存款
3	华夏银行股份有限公司吴江支行	2000.00	12.00	2020 年 9 月 7 日 ～ 2020 年 12 月 7 日	3 个月定期存款
合计		4761.00	22.30		

上述理财产品到期后，公司未使用募集资金购买其他相关理

财产品。

7.募集资金投向

本次发行的募集资金总额不超过10500.00万元（含10500.00万元），扣除发行费用后，拟全部用于以下项目，如表6-7所示。

表6-7 同享科技募集资金用于项目表

单位：万元

序号	项目名称	项目投资总额	拟投入募集资金
1	年产涂锡铜带（丝）15000吨项目	7500.00	7500.00
2	补充流动资金	3000.00	3000.00
	合计	10500.00	10500.00

若扣除发行费用后的实际募集资金净额低于拟投入募集资金额，则不足部分由公司自筹解决。本次发行募集资金到位之前，公司将根据项目进度的实际情况以自有资金或其他方式筹集的资金先行投入，并在募集资金到位之后予以置换。

在上述募集资金投资项目的范围内，公司董事会或董事会授权主体可根据项目的进度、资金需求等实际情况，对上述项目的募集资金投入金额进行适当调整。

8.本次发行取得批准的情况及尚需呈报批准的程序

本次向特定对象发行股票相关事项已经公司第二届董事会第二十次会议2021年第三次临时股东大会审议通过，尚需经北京证券交易所审核通过并经中国证监会作出同意注册的决定。

6.2 审核案例

本节就首次公开发行和再融资过程中常见的审核关注问题进行解析，包括募投项目合理性、发行定价、股权结构、同业竞争、创新特征等问题。通过审核问题，有助于了解审核思路和关注焦点，更好地理解回复要点和应对方法。

6.2.1 募投项目合理性（诺思兰德，430047）

北京诺思兰德生物技术股份有限公司（简称"诺思兰德"，股票代码430047）向北交所报送向特定对象发行股票（定向增发）申请文件后，于2021年12月23日被北交所正式受理，现诺思兰德已收到北交所第一轮审核问询函，正在审核过程中。以下结合诺思兰德第一轮问询回复材料，简要说明募集资金事项的审核关注要点。

1.北交所审核问题——募投项目的谨慎性、合理性

根据申报文件，截至2021年9月30日，诺思兰德前次公开发行

募集资金剩余17309.41万元，货币资金和交易性金融资产余额合计约为2亿元。本次发行拟募集资金不超过3亿元，使用方向与前次公开发行一致，用于药物研发项目（NL005、NL201、NL006、其他新药）以及扩建生物工程新药产业化项目和补充流动资金，其中新药产业化项目和NL005项目为前次公开发行募投项目。

对于产业化项目，此次拟增加总投资预算至26973.66万元，而目前实际仅投入309.6万元；对于新药研发，发行人前次募投项目中NL003、NL005、NL002等项目目前进展均落后于公开发行说明书披露的预期进度。诺思兰德2019年至2021年9月各期研发费用别为3302.37万元、2414.44万元、3021.26万元。

2.请发行人说明

①补充披露新药产业化项目自启动以来规划设计及变更、投资情况，是否均已履行了相应的报批报备手续，在前次公开发行中是否已充分披露了该募投项目的相关信息，是否存在隐瞒和误导性披露。

②说明在目前研发项目均未取得新药许可的情况下扩建产业园项目的合理性，产业化能力是否取得新药许可的必要条件，下一步公司商业模式是否将向药品生产转型。

③目前研发管线的实施计划，包括但不限于关键阶段时间安排、已投入和预计将投入的研发力量和资金量、研发进度不及预期的原因和风险因素，其中对重点推进项目补充披露市场空间和同行业竞品情况；说明报告期内月度研发支出规模是否与研发项目的推

进工作相匹配，在研发管线较多的情况下存在大额未使用募集资金的原因及合理性。

④补充披露结构性存款明细，结合合同条款和投资期限约定分析计入交易性金融资产的准确性，并将结构性存款总额与公司净资产规模对比，是否为金额较大、期限较长的财务性投资。

⑤补充披露产业化项目建设的具体分期规划，项目的具体投资构成明细、各项支出的必要性，各明细项目所需资金的测算假设及主要计算过程，测算的合理性，募集资金的预计使用进度，是否包含董事会前投入的资金；与同行业可比公司产业化支出水平进行比较，逐项分析说明产业化项目募集资金的合理性。

⑥综合上述情况和同行业公司相关情况，补充披露本次募集资金使用计划的制定是否经过了科学谨慎的研究论证，是否存在较大可能的方案变更风险；必要时对重点项目研发失败或进度滞后、产业化盈利不及预期拖累业绩等风险进行重大事项提示。

3.发行人回复

（1）补充披露

补充披露新药产业化项目自启动以来规划设计及变更、投资情况，是否均已履行相应的报批报备手续，在前次公开发行中是否已充分披露该募投项目的相关信息，是否存在隐瞒和误导性披露。

回复如下：

发行人已经在募集说明书中补充披露了相关内容，摘要如下。

生物工程新药产业化项目实施主体为诺思兰德生物制药（曾用名"医药科技"），本项目已经在北京市通州区经济和信息化局"京通经信局备【2020】045号"备案，且已取得北京市生态环境保护局出具的关于本项目的环境影响报告书的批复（京环审【2021】115号），该项目将在公司位于北京市通州区经济开发区东区靓丽五街3号的自有土地实施。根据业务规划及资金安排等，公司采取"整体设计和分项建设"的方案，计划第一期建设优先满足重组人肝细胞生长因子裸质粒注射液（NL003）产品的生产需求，本次募投项目总投资规模为26973.66万元，建设内容包括1#质检楼、3#仓库、4#自研药车间及其附属工程，其中4#自研药品车间中本次仅建设NL003项目生产线，后续将根据其他药物研发进展情况确定2#CMO车间及其他生产线的建设时间。

2021年8月，公司将已完成的规划方案提交专家评审会，并按照专家评审会意见对规划方案进行调整和完善。2021年9月，诺思兰德生物制药向北京市规划和自然资源委员会通州分局申请生物药物产业化项目纳入"多归合一"协同平台办理综合会商意见事项。2021年11月，该项目取得北京市生态环境保护局出具的关于本项目的环境影响报告书的批复（京环审【2021】115号）。2022年1月，该项目取得北京市规划和自然资源委员会颁发的《建设工程规划许可证》。根据取得的规划许可，批准后的设计方案建设内容及本次拟投资情况与原设计方案对比如表6-8所示。

表 6-8　诺思兰德设计方案对比表

工程名称	原设计方案				工程名称	批准后设计方案			
	规划建设内容		前募投拟建设内容			规划建设内容		本次募投拟建设内容	
	建筑面积（m²）	建筑层数	建筑面积（m²）	投资金额（万元）		建筑面积（m²）	建筑层数	建筑面积（m²）	投资金额（万元）
自研药车间	10742.00	2	10742.00	3222.60	自研药车间	13281.00	2	13281.00	7186.87
中试车间	4896.00	2	—	—		10410.00	2		
CMO车间	10742.00	2	—	—	CMO车间				
中转库	4000.00	2	2000.00	572.00	仓库	3941.00	2	3 941.00	2531.96
办公楼	4350.00	4	4350.00	1 200.60	质检楼（综合楼）	16909.00	4	16909.00	8210.95
R&D中心	4350.00	4	—	—					
餐厅	1120.00	2	—	—					
附属工程			—	1029.00	附属工程	—		—	1073.70
合计	40200.00		17092.00	6024.20		44541.00		34131.00	19003.48

注：除附属工程外上表中"—"不是募投项目拟建设内容。

如表6-8所示，为满足NL003项目产业化实施，本次募投拟建设内容包括质检楼、仓库、自研药车间及附属工程，较前次拟建设内容相比面积增加17039.00平方米，投资总额增加14066.56万元，本次费用增加主要因为建筑工程费增加12979.28万元。

由于项目尚未正式开工建设，仍处于前期准备阶段，已投入资金较少，截至2021年9月30日，项目已投入金额309.60万元，主要为工程设计、勘察及其他支出。2021年12月公司已通过招标方式初步确定该项目总承包商，开工建设后资金投入将大幅增加。

该项目于2020年5月取得了备案文件，于2021年11月取得了环境影响报告书的批复（京环审【2021】115号），于2022年1月取得了《建设工程规划许可证》。综上，公司新药产业化项目自启动以来规划设计及变更均已履行了相应的报批报备手续。

公司在前次公开发行说明书中针对该募投项目披露的相关信息如下。

生物工程新药产业化项目实施主体为诺思兰德生物制药，本项目已经在北京市通州区经济和信息化局"京通经信备【2020】045号"备案，并将在北京市通州区经济开发区东区靓丽五街3号的自有土地实施。项目占地面积为10000.00㎡，总建筑面积为18192.00㎡（其中附属工程1100.00㎡），将新建原液及制剂车间（即自研药生产车间）、综合办公楼、中转库及其他附属工程。本项目产品为重组人肝细胞生长因子裸质粒注射液（NL003），规划年产能120万支。项目规划建设期30个月，公司将在建设期内完成办公场地的建筑及装修工程、硬件设备的购置及安装、GMP认证、人员招聘及培训和试运营。其中披露内容中的备案文件也作为公开发行并在精选层挂牌的申报文件之一提交全国股转公司。

如上文所述，公司前次公开发行募投项目建设内容已履行了备案手续，符合项目备案要求。公司在前次公开发行时已对拟建设的具体内容、实施计划、项目投资概算进行了充分披露，披露的相关信息与当时的设计方案、备案内容一致。随着详细规划和施工图设计等工作的开展，发现原规划对联合生产厂房建筑防火等级未做区分，导致自研药车间、CMO车间、中转库组成联合生产厂房的布局不符合国内建筑消防规定。此外，联合体建筑面积较大，按原募投计划先建设自研药车间、中转库，后期再建设CMO车间（非募投项目）分期施工难度较大，因此公司对规划布局进行了优化调整。调整后将原规划的自研药生产车间与中试车间合并为一个建筑单体，将原规划的办公楼、研发中心与餐厅合并为一个建筑单体，上述调整导致本期建设面积及投资总额大幅增加。以上调整为公司在前次公开发行后在原设计方案的基础上根据实际情况对建设内容进行合理、必要的调整，变更前后公司均完成了相应的报批报备手续，并取得了《建设工程规划许可证》。

综上所述，公司在前次公开发行中已充分披露了新药产业化募投项目的相关信息，不存在隐瞒和误导性披露。

（2）许可说明

说明在目前研发项目均未取得新药许可的情况下扩建产业园项目的合理性，产业化能力是否是取得新药许可的必要条件，下一步公司商业模式是否将向药品生产转型。

回复如下：

根据上文所述，本次募投产业化项目投资总额较前募增加主要因为规划设计方案变更使本次募投建设内容建筑面积大幅增加及单位建设成本上涨。虽然投资总额较前募大幅增加，但本次与前次募投建设均为优先满足NL003产品的生产需求，自研药车间中仅建设NL003项目生产线。虽然目前公司研发的项目尚未获得上市许可，但进展最快的NL003项目已进入III期临床试验，计划2022～2023年完成一个适应证的临床试验并递交NDA，有望于2024

年取得药品注册批件。公司生物工程新药产业化项目规划建设期30个月，计划2024年建设完成。产业化项目建设周期较长，为尽快实现自主生产，产业化建设需结合研发进度提前筹备。因此在未取得新药许可的情况下建设产业化项目具有合理性。

《药品注册管理办法》第四十七条规定，对于创新药、改良型新药以及生物制品等，应当进行药品注册生产现场核查和上市前药品生产质量管理规范检查。《药品管理法》第三十二条规定，药品上市许可持有人可以自行生产药品，也可以委托药品生产企业生产。

根据上述规定，新药许可前需进行药品注册生产现场核查和上市前药品生产质量管理规范检查，因此，产业化能力是取得新药许可的必要条件。产业化能力可以通过公司自行生产或委托药品生产企业生产实现，但是相对于委托第三方生产，公司拟尽快实现自行生产主要考虑以下几个方面。

①降低商业秘密泄露风险。

药品的技术路线、制剂配方、制备工艺是公司核心竞争力。由于公司尚未建成自己的产业化基地，目前公司试验样品均委托第三方生产。虽然关键的工艺环节由公司委派专人独自完成，也与受托方签订了保密协议，但受托方在合作过程中若未能依照保密及知识产权保护相关条款妥善保护相关知识产权，也可能对公司产品成功实现商业化产生不利影响。为了更大程度上保护商业秘密，避免因委托第三方生产而造成的商业秘密泄露，NL003产业化后要尽快实现自主生产。

②有效把控产品质量。

质量可靠的商业化产品是创新药物完成产业化的关键步骤，是创新药物能够在市场上持续推广应用的物质基础。药品质量是药品的核心属性，药品质量很大程度上取决于质量控制及质量保证的有效性，这取决于多项因素，如生产场所的生产工序、所用设备的质量及可靠性、员工素质及相关培训课程和公司确保员工遵守质量控制及质量保证规范的能力。公司自建生产线进行产品生产可对上述影响产品质量的关键因素进行有效管理和控制。

③保障产品稳定市场供应。

目前，公司NL003项目委托江苏耀海生物制药有限公司（简称"江苏耀海"）开展Ⅲ期临床试验用样品制备。目前江苏耀海该产品年产能约40万支，无法满足药品上市后的市场需求。同时，江苏耀海生产线还受托生产其他产品，受制于其车间产能以及生产排期等各种因素，未来无法满足NL003市场需求或生产计划安排等。公司自建工厂设计年产能为120万支，保障产品稳定市场供应。此外，目前规划建设的自研药品车间包含两个原液车间和两个制剂车间，未来亦可满足多个自研产品的临床试验样品制备及药品上市后的生产。

④有效把控产品成本。

公司业务经营涉及采购研发技术服务（包括临床前、临床阶段等）以及委托第三方生产。若研发技术服务及受托生产方大幅提升价格，公司无法保证在商业化后通过提高药品价格从而弥补成本涨幅。公司自建工厂，自己组织生产，生产计划和生产时间可控，能够有效控制生产成本，形成价格优势和竞争力。

综上，产业化能力是取得新药许可的必要条件，产业化能力可以通过公司自行生产或委托药品生产企业生产实现，但根据上文所述，尽快实现自主生产具有必要性和紧迫性。

目前我国生物医药研发驱动型企业多处于研究开发阶段，已上市产品不多或尚无上市产品，商业化经验不足，待研发产品上市后逐步由研发阶段向集"研发、生产、销售"于一体的发展阶段转变，形成良性发展。公司的发展路径与该等企业发展路径一致，符合行业研发驱动型企业的发展特点和趋势，未来逐步发展成为药物"研发、生产、销售"一体化的创新型生物制药企业。

（3）研发管线的实施计划

目前研发管线的实施计划，包括但不限于关键阶段时间安排、已投入和预计将投入的研发力量和资金量、研发进度不及预期的原因和风险因素，其中对重点推进项目补充披露市场空间和同行业竞品情况。说明报告期内月度研发支出规模是否与研发项目的推进工作相匹配，在研发管线较多的情况下存在大额未使用募集资金的原因及合理性。

回复如下：

目前主要推进的研发管线实施计划如表6-9所示。

表 6-9 诺思兰德主要推进的研发管线实施计划表

序号	在研产品	适应证	研发人员（人）	报告期内的研发投入情况（万元）	预计投入的资金（万元）	预计关键阶段时间安排
1	NL003临床Ⅲ期	缺血性溃疡、静息痛	21	2021.91	4999.09	计划 2022～2023 年完成一个适应证的临床试验并递交 NDA
2	NL005临床Ⅱ期	急性心肌梗死所致缺血再灌注损伤	3	1133.68	4008.89	计划 2023 年完成Ⅱb 期临床试验
3	NL002临床Ⅲ期	肿瘤化疗导致的血小板减少症	2	230.85	1769.15	计划 2024 年完成Ⅲb 期临床研究并递交 NDA
4	NL006临床前研究	结直肠癌	6	1.29	1010.00	计划 2024 年申请临床试验
5	NL201临床前研究	血友病患者的出血发作及预防	5	10.23	2037.00	计划 2024 年申请临床试验

注：NL006、NL201 临床前研究预计投入的资金为截至 2023 年底的预计金额。

报告期内，公司主要研发项目NL003、NL005、NL002项目研发进度不及预期的原因和风险因素。

报告期内，公司重点推进的三个处于临床研究阶段的研发项目研发支出及占比情况如表6-10所示。

表 6-10　诺思兰德项目研发支出及占比情况表

单位：万元

序号	研发项目	2021 年 1～9 月	2020 年	2019 年	合计
1	NL003 临床Ⅲ期	1826.28	1202.71	2303.08	5332.07
2	NL005 临床Ⅱa期	813.28	705.53	648.23	2167.04
3	NL002 临床Ⅲb期	17.96	70.77	70.88	159.61
合计		2657.52	1979.01	3022.19	7658.72
研发支出总额		3021.26	2414.44	3302.37	8738.07
主要研发项目研发支出占比		87.96%	81.97%	91.52%	87.65%

报告期内，公司研发支出主要为NL003、NL005项目发生的临床试验支出。发行人2019年、2020年、2021年1～9月研发支出金额分别为3302.37万元、2414.44万元、3021.26万元，其中2020年的研发支出较2019年减少887.93万元，主要为受新冠疫情的影响。公司NL003项目进度不及预期，因其研发支出较2019年减少1100.37万元所致。

报告期内，公司月度研发支出情况如表6-11所示。

表 6-11　诺思兰德月度研发支出情况表

月份	2021 年 1～9 月		2020 年		2019 年	
	金额（万元）	比重	金额（万元）	比重	金额（万元）	比重
1	153.14	5.07%	133.02	5.51%	154.77	4.69%
2	99.22	3.28%	132.04	5.47%	87.1	2.64%
3	195.31	6.46%	147.13	6.09%	136.17	4.12%
4	408.93	13.54%	238.20	9.87%	295.72	8.95%
5	385.79	12.77%	181.49	7.52%	523.33	15.85%
6	720.87	23.86%	254.75	10.55%	100.95	3.06%
7	380.72	12.60%	132.07	5.47%	236.73	7.17%

续表

月份	2021 年 1～9 月		2020 年		2019 年	
	金额（万元）	比重	金额（万元）	比重	金额（万元）	比重
8	354.10	11.72%	211.78	8.77%	727.48	22.03%
9	323.18	10.70%	125.57	5.20%	242.17	7.33%
10	—	—	241.30	9.99%	226.5	6.86%
11	—	—	102.78	4.26%	98.21	2.97%
12	—	—	514.31	21.30%	473.22	14.33%
总计	3021.26	100.00%	2414.44	100.00%	3302.37	100.00%

公司重点推进NL003、NL005、NL002三个临床研究阶段的项目，报告期内累计研发支出7658.72万元，合计占报告期内研发支出总额的87.65%。其中，受新冠疫情及试验样品制备尚未完成等因素影响，NL002项目尚未正式开始试验入组，因此报告期内研发支出较少。

2019年上半年NL003项目Ⅲ期临床试验正式启动，CRO及临床试验中心等试验费用使当年度研发支出水平整体较高，其中5月、8月、12月研发支出发生额较大，具体分析如下。

①2019年5月，发行人根据项目进度确认NL003 项目CRO服务费356.64万元，使当月研发支出明显高于其他月份。

②2019年8月，发行人根据项目进度确认NL003项目CRO服务费564.11万元，使当月研发支出明显高于其他月份。

③2019年12月，发行人确认NL003项目医院临床试验费64.39万元、各类检测费85.81万元，以及实验用药制备、试剂耗材等费用42.72万元，此外还确认了2019年度年终奖，使当月研发支出明显高于其他月份。

2020年NL003项目Ⅲ期临床试验入组工作、NL005项目Ⅱa临床试验的启动及入组工作均受新冠疫情影响较大，导致当年度研发支出较上年度有所下降。2020年各月研发支出波动较小，其中12月研发支出发生额较大主要原因为发行人根据昆拓信诚医药研发（北京）有限公司的工作进度确认NL003项目CRO服务费282.06万元，并同时确认年终奖。

2020年11月NL005项目Ⅱa临床试验开始入组，但在试验开始后发现试验入组标准过于严格导致招募困难的问题，后经临床专家论证后，在不额外增加受试者的风险和遵守科学伦理的基础上调整了试验方案，在科学严谨性与可操作性上进行了适当的平衡。2021年3月修改后试验方案陆续通过临床中心的伦理审查，修改试验方案后招募速度明显加快，并于2021年8月完成试验入组工作，使2021年3月起各月研发支出金额较大。此外，2021年6月研发支出高于其他月份的主要原因为：发行人根据NL003项目CRO清单工作量确认临床试验服务费192.85万元，发行人根据NL003、NL005项目受试者入组比例确认临床试验费234.03万元。

综上所述，发行人月度研发支出规模及其波动情况与研发项目的推进工作相匹配。

另外，截至2021年9月30日，诺思兰德募集资金使用及结余情况如表6-12所示。

表 6-12　诺思兰德募集资金使用及结余情况表

单位：万元

募集资金明细	募集资金金额	使用情况	使用进度
2020 年 12 月 23 日募集资金初始净额	22900.76	—	—
减：募集资金项目投入	22900.76	5929.19	25.89%
其中：生物工程创新药研发项目	11856.00	4072.86	34.35%
生物工程新药产业化项目	8044.76	309.60	3.85%
补充流动资金	3000.00	1546.73	51.56%
加：银行利息收入扣除银行手续费净额	—	337.84	—
2021 年 9 月 30 日募集资金专户余额	—	17309.41	—

注：2020 年 12 月 23 日募集资金初始净额为扣除发行费用（不含税）1857.54 万元后的金额。

诺思兰德前次募集资金及使用情况如表6-13所示。

表 6-13　诺思兰德前次募集资金及使用情况表

单位：万元

序号	研发项目	研发阶段	拟投资金额	实际到账金额	已使用金额	尚未使用金额
1	NL003	临床Ⅲ期	7021.00	7021.00	2021.91	4999.09
2	NL005	临床Ⅱ期	5505.00	1835.00	1133.68	701.32
3	NL002	临床Ⅲ期	2000.00	2000.00	230.85	1769.15
4	其他新药研发项目	临床前	1000.00	1000.00	686.42	313.58
合计			15526.00	11856.00	4072.86	7783.14

　　虽然公司的研发管线较多，但报告期内，公司重点推进处于临床阶段的NL003项目、NL005项目和NL002项目。报告期内，公司NL003项目正在实施Ⅲ期临床研究，该项目原计划于2020年上半年完成全部20个临床试验医院的启动工作，2021年下半年完成入组工作，但受新冠疫情等因素的影响，试验进度不及预期，导致

NL003项目募集资金结余较大。NL005项目启动阶段受疫情影响较大，但由于试验涉及医院较少、入组时间较短，并且受试者招募对象为急性心肌梗塞的患者，相对于慢性病其招募工作受新冠疫情影响较小。截至报告期末，已完成全部受试者入组，募集资金剩余701.32万元，结余资金较少。NL002项目处于临床Ⅲb试验，受新冠疫情及受托方样品制备未到位的影响，目前仍处于临床Ⅲb试验前期筹备阶段，募集资金使用较少。

为尽快实现生物工程新药产业化，实现药品商业化目标，提高公司营业收入水平，公司仍需优先保障处于临床阶段研发项目及产业化的稳步推进。因此，前次募集资金虽有结余但用途明确。报告期内，公司严格按照募集资金的用途使用募集资金，不存在改变募集资金用途的情形。公司计划继续按照募集资金既定用途使用募集资金，保障已进入临床阶段的研发项目。

综上所述，公司在研发管线较多的情况下存在大额未使用募集资金具有合理性。

（4）补充披露结构性存款明细

补充披露结构性存款明细，结合合同条款和投资期限约定分析计入交易性金融资产的准确性，并将结构性存款总额与公司净资产规模对比，是否为金额较大、期限较长的财务性投资。

回复如下：

截至2021年9月30日，公司交易性金融资产账面价值为13805.93万元，为公司购买的银行理财产品（包括结构性存款

13690.00万元和公允价值变动损益115.93万元）。

截至2021年9月30日，诺思兰德持有的结构性存款产品具体情况如表6-14所示。

表6-14 诺思兰德持有的结构性存款产品具体情况表

序号	银行名称	产品名称	产品类型	产品预期年化收益率	起止期限	期限（天）	金额（万元）
1	杭州银行	添利宝结构性存款（挂钩汇率"B"款）	保本型	浮动收益1.75%～3.5%	2021.6.11～2021.12.11	183	1290.00
2	北京银行	单位结构性存款	保本型	浮动收益1.55%～3.05%	2021.6.17～2021.12.16	182	7400.00
3	北京银行	单位结构性存款	保本型	浮动收益1.35%～3.15%	2021.7.7～2021.10.11	96	5000.00

注：上述产品均为到期一次还本付息的保本浮动收益型产品。

诺思兰德与杭州银行签订了《"添利宝"结构性存款（挂钩汇率B款）协议》的主要合同条款为："1.1'添利宝'结构性存款，是指在普通存款基础上嵌入某种金融衍生工具，通过与某种外汇汇率走势挂钩，收益根据观察期间挂钩的外汇汇率的表现来确定的保本浮动收益型存款产品。'添利宝'结构性存款的收益与ERUUSD即期汇率挂钩。"

诺思兰德与北京银行签订的《单位结构性存款协议》中约定："结构性存款是指商业银行吸收的嵌入金融衍生产品的存

款，通过与利率、汇率、指数等的波动挂钩或者与某实体的信用情况挂钩，使存款人在承担一定风险的基础上获得相应的收益。单位结构性存款的收益与ICE Benchmark Administration发布的三个月Libor美元利率价格挂钩。"

2021年财政部、国资委、银保监会、证监会联合发布《关于严格执行企业会计准则切实加强企业2020年年报工作的通知》规定："企业持有的结构性存款，应当按照《企业会计准则第22号——金融工具确认和计量》（财会〔2017〕7号）中金融资产合同现金流量特征和管理金融资产的业务模式的规定确定其分类，并进行相应确认、计量和列报。"

对于商业银行吸收的符合《中国银保监会办公厅关于进一步规范商业银行结构性存款业务的通知》（银保监办发〔2019〕204号）定义的结构性存款，即嵌入金融衍生产品的存款，通过与利率、汇率、指数等的波动挂钩或者与某实体的信用情况挂钩，使存款人在承担一定风险的基础上获得相应的收益，企业通常应当将其分类为以公允价值计量且其变动计入当期损益的金融资产，记入"交易性金融资产"科目，并且在资产负债表中"交易性金融资产"项目列示。

综上，公司购买的结构性存款的收益与汇率等指数挂钩，不符合本金加利息的合同现金流量特征，结构性存款中嵌入衍生金融工具难以拆分单独计量，公司将其分类为以公允价值计量且其变动计入当期损益的金融资产，在交易性金融资产科目中列示。公司将结构性存款计入交易性金融资产准确，符合企业会计准则的规定。

公司持有结构性存款不属于金额较大、期限较长的财务性投资，根据中国证监会2020年发布的《再融资业务若干问题解答》的规定，"财务性投资主要为：类金融；投资产业基金、并购基金；拆借资金；委托贷款；以超过集团持股比例向集团财务公司出资或增资；购买收益波动大且风险较高的金融产品；非金融企业投资金融业务等。"

公司持有的交易性金融资产中的结构性存款是在不影响公司正常经营的情况下，为提高资金管理效率而购买安全性高、流动性好的银行理财产品。公司所购买的结构性存款产品收益率较低且波动范围较窄，产品风险较低，评级均未达到较高或高评级，不属于"收益波动较大且风险较高的金融产品"，不属于财务性投资。

2020年12月11日，公司召开第五届董事会第七次会议和第五届监事会第五次会议审议通过了《关于公司使用部分闲置募集资金进行现金管理的议案》。为了提高闲置募集资金使用效率，合理利用资金获取较好的投资回报，公司在保证募集资金投资项目实施的资金需求及募集资金使用计划正常进行的前提下，拟使用额度不超过2亿元的暂时闲置募集资金进行现金管理，包括但不限于向金融机构购买结构性存款产品等。公司独立董事发表了同意意见。

截至2021年9月30日，公司持有结构性存款账面价值为13805.93万元，占公司合并报表归属于母公司净资产的比重为55.22%，占比较大，但公司单个产品的投资期限不超过一年，收益及风险较低且期限较短，截止回复日，上述结构性存款已全部到期收回。上述结构性存款不属于期限较长、收益波动大且风险较高的金融产品,不属于财务性投资。

综上,公司持有的结构性存款不属于金额较大、期限较长的财务性投资。

(5)补充披露产业化项目建设规划

补充披露产业化项目建设的具体分期规划,项目的具体投资构成明细、各项支出的必要性,各明细项目所需资金的测算假设及主要计算过程,测算的合理性,募集资金的预计使用进度,是否包含董事会前投入的资金;与同行业可比公司产业化支出水平进行比较,逐项分析说明产业化项目募集资金的合理性。

回复如下:

本项目总投资规模为26973.66万元,主要包括设备购置费、安装工程费、建筑工程费及其他费用。根据北京安诚建工程造价咨询有限公司出具的投资估算书,本项目投资估算如表6-15所示。

表 6-15   项目投资估算表

序号	项目	估算金额(万元)	占比
1	建筑及装修工程	19003.48	70.45%
2	设备购置及安装	5165.09	19.15%
3	其他费用	1520.63	5.64%
4	工程预备费	1284.46	4.76%
建设项目总投资		26973.66	100.00%

本项目各项支出的必要性及所需资金的测算依据具体如下:

①建筑及装修工程。

本项目建筑及装修工程费用为19003.48万元,建设内容包括自研药车间、质检楼、仓库以及其他附属工程等。由于公司尚未有生物工程药生产销售，首次建设涉及较多的基础设施建设导致建筑及装修支出较大但具有必要性。

建筑及装修工程部分的投资金额编制依据包括：国家、行业和地方政府的有关规定；工程勘察与设计文件，图示计量或有关专业提供的主要工程量和主要设备清单；行业部门、项目所在地工程造价管理机构或行业协会等编制的投资估算指标、概算指标（定额）、工程建设其他费用定额（规定）、综合单价、价格指数和有关造价文件等；类似工程的各种技术经济指标和参数；工程所在地同期的工、料、机市场价格，建筑、工艺及附属设备的市场价格和有关费用等；北京造价信息和材料市场价等，具体投资明细及测算依据暂不赘述。

②设备购置及安装。

本项目的设备购置及安装费用为5165.09万元，主要用于购买原液车间工艺设备、制剂车间工艺设备、QC实验仪器以及公用动力设备等，均为满足NL003生产要求必备设备，具有必要性。设备购置及安装费用主要依据相关厂商提供的报价资料，部分设备结合市场行情价格综合测算，具体投资明细及测算依据暂不赘述。

③其他费用。

本项目的其他费用为1520.63万元，主要包括项目设计费、建设单位管理费、工程造价咨询费、工程监理费、其他政府规费及其他等，具体投资明细及测算依据暂不赘述。

④工程预备费。

本项目的工程预备费为1284.46万元，主要为针对在项目实施过程中可能发生难以预料的支出，需要事先预留的费用，系按工程建设投资的5%估算。

综上所述，本项目各项支出具有必要性，投资金额测算具有合理性。

关于资金使用进度安排：项目规划建设期30个月，公司将在建设期内完成办公场地的建筑及装修工程、硬件设备的购置及安装、GMP体系建立、人员招聘及培训和试运行等工作。本项目旨在实现公司生物工程新药的产业化，使公司收入结构得到有效改善，提高公司营业收入水平。

根据项目建设计划要求，资金使用安排具体如表6-16所示。

表 6-16 项目资金使用安排表

单位：万元

项目投资总额	截至 2021 年 9 月末已投入资金	2021 年第四季度投入资金	2022 年	2023 年	2024 年
26973.66	309.60	147.18	16708.60	8579.84	1228.44

本项目在公司前次公开发行时已募集资金8044.76万元，尚未使用完毕。因此，本次募集资金不包含董事会前投入的资金。

另外，通过公开数据查询近期披露的与发行人产业化募投项目规模相当的同行业募投项目各项支出与发行人对比情况如表6-17所示。

表 6-17　同行业募投项目各项支出与发行人对比表

序号	项目名称	赛托生物（300583）		微芯生物（688321）		诺思兰德（430047）	
		拟投资额（万元）	占比（%）	拟投资额（万元）	占比（%）	拟投资额（万元）	占比（%）
1	建筑工程费	18197.48	49.60	20116.33	66.30	19003.48	70.45
2	设备购置费	11778.60	32.11	8246.76	27.18	5165.09	19.15
3	其他费用	959.54	2.62	976.6	3.22	1520.63	5.64
4	基本预备费	1546.78	4.22	—	—	1284.46	4.76
5	铺底流动资金	4204.64	11.46	1000.00	3.30	—	—
合计		36687.04	100.00	30339.69	100.00	26973.66	100.00

注：上述数据信息均来源公开披露内容，项目投资剔除了土地使用权费用。

①建筑工程费。

本项目的工程建设投资每平方米造价为0.56万元，与同行业公司募投项目的单位造价不存在重大差异，公司本次募投项目的工程建设投资金额具有合理性。

②设备购置费。

本项目列支设备购置费为5165.09万元，占项目投资总额的比重为19.15%。设备购置费及占比均低于赛托生物、微芯生物，主要原因为公司采取"整体设计和分项建设"的方案，整个厂房设计与布局综合考虑了公司各新药研发与生产需要，但本期建设仅为满足NL003项目生产基本需求，未包含已规划在内的其他生产线建设。因此，设备购置投资资金及占投资比例均低于同行业，具有合理性。

③其他费用。

本项目列支其他费用1520.63万元，占项目投资总额的比重为5.64%，金额及占比均高于同行业。差异主要原因为公司根据《通州区城市基础设施建设费征收办法（暂行）》的规定计提了基础设施建设费650万元。扣除该部分影响，公司与赛托生物、微芯生物的产业化项目其他费用列支水平不存在较大差异。

④基本预备费。

本项目列支基本预备费1284.46万元，占项目投资总额的比重为4.76%。公司根据工程建设投资额（建筑工程费、设备购置费、其他费用）的5%计入基本预备费，与赛托生物计提比例一致。

综上所述，发行人产业化项目支出与同行业可比公司产业化支出水平相比不存在较大差异，具有合理性。

（6）补充披露募集资金是安全合理

综合上述情况和同行业公司相关情况，补充披露本次募集资金使用计划的制定是否经过了科学谨慎的研究论证，是否存在较大可能的方案变更风险；必要时对重点项目研发失败或进度滞后、产业化盈利不及预期拖累业绩等风险进行重大事项提示。

回复如下：

综上所述，公司新药产业化项目规划设计方案已经管理层和专业研究机构进行充分调研和反复论证，并经专家评审会通过，取得环评批复及规划许可等前期报备报批程序。在此基础上，公司根据自身发展需要科学谨慎地制定了本次募集资金使用计划，该方案不存在较大的变更风险。

针对重点项目研发失败或进度滞后、产业化盈利不及预期拖累业绩等风险，发行人已在募集说明书中进行了重大事项提示，在此不再赘述。

6.2.2 确定发行价格（荣亿精密，873223）

1.北交所审核问题——发行底价及稳价措施

（摘选）根据申请材料，发行人发行底价为3.21元/股；发行人未在公开发行说明书中披露具体的稳价措施。

2.请发行人说明

①说明发行底价的确定依据"合理性以及与报告期内定向发行价格"前期二级市场交易价格的关系。

②结合企业投资价值同行业可比公众公司市场表现情况等，综合分析说明现有发行规模发行底价稳价措施等事项对发行并进入北交所是否存在不利影响。

3.发行人回复（摘选）

（1）说明发行底价的确定情况

说明发行底价的确定依据"合理性以及与报告期内定向发行价格"前期二级市场交易价格的关系。

回复如下：

①发行底价的确定依据及合理性。

本次发行底价主要结合发行人最近一期的净利润及每股收益情况、前次定向发行价格、公司未来成长性、同行业可比公司估值水平等多种因素合理确定。

2020年，发行人扣除非经常性损益后归属于母公司股东的净利润为2029.03万元，发行人发行前总股本为11370万股。本次申请向不特定合格投资者公开发行的股份数量不超过3790万股（未考虑行使超额配售选择权的情况下），发行底价为3.21元/股。因此以发行前的股本数量计算的发行市盈率为17.99，以发行后的股本数量计算（未考虑行使超额配售权）的发行市盈率为23.98。

根据中国证监会发布的《上市公司行业分类指引》（2012年修订），公司所处行业为"制造业"中的"通用设备制造业"（行业代码：C34）。根据《国民经济行业分类》（GB/T4754-2017），公司目前所处行业为"制造业：通用设备制造业"中的"机械零部件加工"（C3484）；按产品用途分类，公司所属行业分别为"计算机、通信和其他电子设备制造业"（C39）、"汽车制造业"（C36）及"通用设备制造业"（C34）。

上述行业估值情况如表6-18所示。

表 6-18　行业估值情况表

行业分类	家数	市盈率		制造业平均市盈率
		平均数	中位数	
制造业：通用设备制造业	124	37.21	32.60	38.59
制造业：金属制品业	71	34.46	32.01	
制造业：汽车制造业	108	36.86	33.17	
制造业：计算机、通信和其他电子设备制造业	322	45.95	41.76	

注：选取标准为各行业市盈率大于0且小于100的上市公司。

可比公司市盈数据对比如表6-19所示。

表 6-19　市盈数据对比表

可比公司	公司名称	所属证监会行业	动态市盈率	首发市盈率	所属证监会行业市盈率	首发时所属行业市盈率
688678.SH	福立旺	制造业：通用设备制造业	34.24	30.04	38.59	36.42
430510.BJ	丰光精密	制造业：金属制品业	53.06	34.56	38.59	31.92
002976.SZ	瑞玛工业	制造业：金属制品业	51.06	22.55	38.59	23.87
301005.SZ	超捷股份	制造业：汽车制造业	40.53	26.64	38.59	26.75
平均	44.72		28.45	38.59	29.74	—	—

由上述比较数据可知，发行人按照发行底价计算的发行市盈率为23.98，低于同行业上市公司的平均市盈率和可比上市公司的平均动态市盈率、发行市盈率水平，具有合理性。

②前次定向发行价格。

2021年2月19日，公司2021年第一次临时股东大会决议通过定向发行不超过10000000股普通股，发行价格为3.00～3.50元/股。

2021年4月2日，公司实际以3.00元/股定向增发4800000股，前述股份于2021年4月16日于股转系统挂牌并公开转让。公司收入情况稳步向好发展，本次发行底价高于报告期内定向发行的价格。

③发行底价与二级市场交易价格的关系。

发行人于2021年6月8日第二届董事会第二次会议审议了本次发行相关议案，于2021年9月9日提交了本次发行的申报材料，并于2021年9月14日获得受理。为维护广大投资者的利益，保证信息披露公平，避免引起公司股价异常波动，根据相关规定，经发行人申请，发行人股票于2021年9月10日开市起停牌。

在上述时点的前1个交易日以及前20个交易日，发行人股票在股转系统的二级市场交易价格情况如表6-20所示。

表6-20　发行人股票在股转系统的二级市场交易价格情况表

项目	停牌日前1个交易日收盘价	停牌日前20个交易日收盘均价	董事会决议公告前1个交易日收盘价	董事会决议公告前20个交易日收盘均价
交易价格（元/股）	8.85	4.97	3.40	3.22

在停牌日前以及相应董事会决议公告日前的1个交易日以及20个交易日，发行人二级市场价格均超过本次发行底价。

综上，结合发行人增长和盈利情况、同行业可比公司估值、二级市场交易价格等因素，公司确定本次发行底价为3.21元，发行底价具有合理性。

（2）说明发行底价是否存在不利因素

结合企业投资价值同行业可比公众公司市场表现情况等，综合分析说明现有发行规模发行底价稳价措施等事项对发行并进入北交所是否存在不利影响。

回复如下：

①发行人的投资价值。

发行人的主营业务为精密紧固件、连接件、结构件等精密金属零部件的研发、制造和销售，主要为3C、汽车、通信及电力设备等下游应用行业的知名客户提供精密金属零部件产品。公司被工信部评为国家级专精特新"小巨人"企业，公司高精密金属零部件研发部门被浙江省科学技术厅、浙江省发展和改革委员会、浙江省经济和信息化厅认定为省级企业研究院。公司制定了严格的质量控制流程与质量控制规范，通过了ISO9001质量管理体系认证、ISO14001环境管理体系认证、IATF16949汽车质量管理体系认证、ISO13485医疗器械质量管理体系认证、IECQ080000有害物质过程管理体系认证等多项管理体系认证。

发行人近年来经营业绩持续增长，2018年、2019年、2020年营业收入分别为11628.84万元、13440.47万元、17191.08万元，2019年和2020年分别较上年增长15.58%、27.91%。2021年上半年营业收入为10870.19万元，较上年同期6789.43万元增长60.10%。预计2021年全年净利润在2020年的基础上将进一步提高。

②同行业可比公众公司市场表现情况。

同行业可比公众公司北交所上市首发市盈率和上市后30日内

涨跌幅情况如表6-21所示。

表6-21 同行业可比公众公司市场表现情况表

证券代码	证券简称	所属证监会行业名称	首发上市日期	首发市盈率（倍）	上市后涨跌幅（%）			
					5日	10日	20日	30日
430198.BJ	微创光电	制造业—计算机、通信和其他电子设备制造业	2020-07-27	25.41	15.85	7.20	3.05	3.17
833994.BJ	翰博高新	制造业—计算机、通信和其他电子设备制造业	2020-07-27	32.04	10.92	2.81	2.29	12.59
835640.BJ	富士达	制造业—计算机、通信和其他电子设备制造业	2020-07-27	28.93	29.30	22.89	12.09	10.80
430418.BJ	苏轴股份	制造业—通用设备制造业	2020-07-27	19.12	20.26	7.15	1.29	1.21
830839.BJ	万通液压	制造业—通用设备制造业	2020-11-09	18.69	-8.49	-4.99	44.37	41.19
430510.BJ	丰光精密	制造业—金属制品业	2020-12-28	34.56	-0.47	-2.97	-1.72	-5.32
837212.BJ	智新电子	制造业—计算机、通信和其他电子设备制造业	2021-06-08	17.51	5.58	29.29	26.92	52.86
831768.BJ	拾比佰	制造业—金属制品业	2021-06-28	16.44	0.51	4.72	10.84	4.46
平均数				24.98	9.18	8.26	12.39	15.12
中位数				25.41	8.25	5.94	6.95	7.63

发行人同行业可比公众公司在北交所上市的首发平均市盈率为24.98，中位数为25.41，上市后30日内涨幅平均数和中位数均超过5%。

③对股价影响。

公司于2021年6月8日召开第二届董事会第二次会议，于2021年6月28日召开2021年第四次临时股东大会，于2021年11月18日召开第二届董事会第七次会议，分别审议通过了三年内稳定股价措施的相关预案。关于稳定公司股价的措施和承诺已经在招股说明书中做了详细披露，其主要内容与最近证监会核准的申请北交所上市的公司经问询调整后的股价稳定预案比较并无明显差异。

2021年11月18日，发行人召开第二届董事会第七次会议，明确了本次申请向不特定合格投资者公开发行股票时，公司及主承销商可以根据具体发行情况择机采用超额配售选择权，采用超额配售选择权发行的股票数量不得超过本次发行初始发行股票数量的15%。本次向战略投资者超额配售的资金（如有）将优先用于稳定公司股价，在发行人已经设置稳定股价预案的同时，超额配售选择权的设置将更有利于维护中小投资者的利益，更有利于股票交易市场的长远稳定发展。

发行人本次申请公开发行股票数量不超过3790万股（未考虑行使超额配售选择权的情况下），不超过4358.5万股（全额行使本次股票发行的超额配售选择权的情况下）。在不考虑行使超额配售选择权的情况下，本次发行股票数量占发行后股票数量的比例为25%，符合《北交所上市规则（试行）》相关规定。据此，发行人本次发行股份的数量较为合理，不会出现由于发行股份数量过大而导致发行失败的情况。

综上所述，结合本次发行市盈率低于同行业可比公司市盈率，本次发行规模对本次公开发行及在北交所上市不会构成不利影响。

6.2.3 创新特征（杭州路桥，870892）

1.北交所审核问题——创新特征体现不清晰

根据招股说明书及问询回复。

①报告期各期发行人无研发投入，2021年7月，发行人公司内部制定了《关于明确2021年度各部门工作职能的通知》，明确了公司的研发活动由总工程师办公室人员专职负责。

②发行人4项发明专利中有2项为共有专利。

③发行人自主研发生产了新型环保路面修补材料及铺牌冷补料，现有LB-5、LB-10两种型号，在施工和易性、耐久性等方面的路用性能表现良好，优于普通国产同类冷补料，基本与美国冷补料性能持平。

④发行人以道路和桥梁等市政设施的日常巡查和养护为核心功能，采用先进的技术架构，将线下的作业流程线上化，打造了"智慧养护平台"。

⑤发行人本次募集资金拟全部用于补充流动资金。

2.请发行人说明

①报告期内无研发投入、2021年7月新指定专门研发部门的原因及合理性。

②与杭州市市政设施监管中心共有发明专利的背景，分析说明共有专利在发行人技术体系内的重要性、关键性程度，发行人是否具备独立自主的研发能力，与同行业公司相比是否具有技术先进性，竞争优势的具体体现。

③结合沥青混合料的生产工序、主要污染环节、污染物类型及污染程度等，说明所处行业及主要产品是否存在产能过剩的情形；说明"新型环保路面修补材料及铺牌冷补料优于普通国产同类冷补料，基本与美国冷补料性能持平"的客观依据，相关信息披露是否准确，新型环保路面修补材料及铺牌冷补料实现收入金额，占发行人沥青混合料收入的比例。

④发行人"智慧养护平台"目前的主要功能，是否仅作为中后台管理系统支撑前台业务的开展，是否属于核心技术的范畴。

⑤请发行人结合前述事实及公司经营实际，分析说明发行人创新特征的具体体现，结合业务发展前景、募投项目等内容，分析发行人如何实现传统产业的转型升级。

3.发行人回复

①报告期内无研发投入、2021年7月新指定专门研发部门的原因及合理性。

回复如下：

公司涉及的研发活动包括课题研究、专利申请、工艺方法优化、参与国家和地方行业标准制定、行业专业著作编写及其他科研活动。长期以来，公司总工程师办公室在兼顾日常管理工作的前提下，对公司研发活动进行统筹、规划和协调。

报告期内，公司总工程师办公室负责制定研发活动的具体计划，然后将研发任务分解并分配至对应的部门、分公司或子公司来执行。公司从事研发活动的人员在履行各自所在部门职责的同时亦开展研发工作。因此，长期以来公司通过总工程师办公室对全公司的研发活动进行协调引导，形成了一套完善、高效的研发组织体系，使科学研究的精神文化渗透到了公司的各个部门。由于报告期内参与研发活动的部门、人员较多，并且取得了多方面、多层次的行业内科研成果和科研奖励，发行人未对研发活动相关的支出单独归集核算，故未单独列示研发费用。

2021年7月，发行人为了加快智慧养护平台养护作业场景标准化应用、新材料及新工艺的研发及应用，保持公司在市政设施养护行业及沥青路面摊铺施工的引领作用，决定集中优势资源，强化研发职能，将总工程师办公室的日常管理职能剥离，专门从事研发及研发成果的应用推广工作，进一步巩固、强化公司的研发体系。同时，发行人将总工程师办公室负责统筹协调的分散在公司各部门、分公司和子公司的技术人员组成四个研发团队，并进一步明确了其各自的研发方向。

公司涉及的研发活动包括课题研究、专利申请、工艺方法优化、参与国家和地方行业标准制定、行业专业著作编写及其他科研活动。根据发行人参与研发活动的人员工作量投入以及研发活动相关的费用支出进行估算，发行人报告期各期研发投入情况如表6-22所示。

表 6-22　发行人报告期各期研发投入情况

单位：万元

项目	2021 年 1 ~ 6 月	2020 年	2019 年	2018 年
科研人员经费	208.12	427.05	373.53	256.59
科研活动经费	86.43	109.31	129.35	97.57
合计	294.55	536.36	502.88	354.16

②与杭州市市政设施监管中心共有发明专利的背景，分析说明共有专利在发行人技术体系内的重要性、关键性程度，发行人是否具备独立自主的研发能力，与同行业公司相比是否具有技术先进性，竞争优势的具体体现。

回复如下：

①共有发明专利的背景以及重要性、关键性程度。

发行人与杭州市市政设施监管中心共有发明专利2项，具体为"一种方便拆装堆放和高度可调节的钢便桥"和"一种盆式支座位置空间较低情况下的支座更换方法"。

杭州市市政设施监管中心系杭州市城市管理局下属事业单位，承担市管市政设施养护维修项目和专项改造项目的实施等政府公共职能，为发行人客户。上述共有发明专利系在养护作业实际工作中，结合杭州市市政设施监管中心的需求，主要由发行人研发取得。综合考虑双方在研发过程中的投入以及便于杭州市市政设施监管中心更好履行养护维修项目实施的政府公共职能，上述2项专利确定为发行人和杭州市市政设施监管中心共有。

上述2项共有发明专利系因发行人在特定条件下进行养护作业要求按需实施，系发行人技术体系中的一个组成部分，并非发行人重要的或关键的技术。

②独立自主的研发能力。

2021年7月，发行人将总工程师办公室日常管理职能剥离，由其专门从事研发及研发成果应用推广工作，进一步完善发行人的研发管理体系。总工程师办公室已牵头组建研发团队，并确立各团队研发方向。发行人有独立取得的发明专利2项、实用新型16项；有独立在申请的发明专利3项、实用新型7项。

综上所述，发行人已设置专门从事研发及研发成果应用推广工作的部门，已根据研发方向组建研发团队并配置研发人员，已发生研发相关投入，已独立取得研发成果，发行人具备独立自主的研发能力。

③与同行业公司相比技术先进性和竞争优势的具体体现。

发行人属土木工程建筑业，除主要从事市政工程施工外，市政设施养护业务的营业收入占比较高，且具有较为明显的技术先进性和竞争优势。

2018年，杭州在全国领先布局5G试验网，并将"智慧城市""城市大脑"等城市数字化治理理念推广运用到各个方面。发行人以此为契机，以多年运营积累形成的市政设施养护数据为基础，依托公司全面的市政设施养护运营体系，于2019年5月组建人才队伍，2019年7月研发"市政医生"移动端与PC端操作系统软件并实现应用，实现市政设施病害数据实时上传，养护巡查实时反馈，报修维修作业闭环的管理功能，并于2021年申请软件著作权；发行人自主开发公司应急管理系统，对接杭州城市大脑大数据系统及时发现应急抢险点，同时对接外采车辆GPS系统，实现对应急作业车辆设备的实时管控，和对应急抢险数据的实时反馈；发行人开发区域智联管理系统，实现城市隧道内多种设施可一人管理，多种设备可一人操作，提高安全应急管理的时效性与可靠性。

2021年，在上述研发成果及其应用的基础上，发行人将各数字化管理模块进行集成，打造全方位的"智慧养护平台"，并运用数字化成果为市政设施管理单位提供全方位数字化管理方案。

发行人参与制定了《城镇道路养护技术规范》（国家行业标准）、《城市地下综合管廊运行维护技术规范》（浙江省工程建设标准）、《城镇道路掘路修复技术规程》（浙江省工程建设标准）和《SBS改性沥青混合料应用技术规程》（浙江省工程建设标准）等多项行业标准。

发行人建筑固废高效利用关键技术及工程应用获得了浙江省科学进步奖二等奖，城市大规模隧道全寿命安全运维关键技术及应用获得了中国产学研合作创新与促进奖合作创新成果奖二等奖。

2022年1月11日，杭州市市政行业协会发布《关于公布2021年度杭州市市政行业科技创新成果的通知》（杭市政业〔2022〕1号），发行人申报的多项科技创新成果获2021年度杭州市市政行业科技创新成果奖，具体如表6-23所示。

表 6-23　发行人获 2021 年度科技创新成果奖一览表

奖项	成果名称	申报单位
一等奖	全天候冷补沥青混合料研制	杭州路桥
二等奖	装配式井盖快速提升施工工艺	杭州市拱墅区城市管理局、杭州路桥
	《城镇道路沥青路面特殊施工技术规范》（T/ZBTA02-2021）	杭州路桥、华滋奔腾建工集团有限公司、杭州西湖区市政工程有限公司
	《城市道路养护结构修复标准图集》	
（T/ZBTA03-2021）	杭州西城工程设计有限公司、杭州市市政设施管理中心、杭州路桥	

2022年1月，中国市政工程协会市政设施管理专业委员会秘书处出具《关于杭州市路桥集团股份有限公司作为市政养护企业创新特征的评价意见》，市政设施管理专业委员会认为，杭州路桥具有较强的研发、创新能力，与同行业企业相比具有较强的技术先进性和竞争优势，对全国市政养护行业的科研进步起到了示范引领作用。杭州路桥通过城市智慧化管理的实践，探索了城市精细化管理的路径，有效推动了传统产业的转型升级，业务发展前景广阔。

综上所述，发行人与同行业公司相比具有技术先进性和竞争优势。

（3）说明所处行业及主要产品的产能情况

结合沥青混合料的生产工序、主要污染环节、污染物类型及污染程度等，说明所处行业及主要产品是否存在产能过剩的情形；说明"新型环保路面修补材料及铺牌冷补料优于普通国产同类冷补料，基本与美国冷补料性能持平"的客观依据，相关信息披露是否准确，新型环保路面修补材料及铺牌冷补料实现收入金额，占发行人沥青混合料收入的比例。

回复如下：

①产能过剩问题。

从行业来看，根据《国务院关于进一步加强淘汰落后产能工作的通知》（国发[2010]7号）、《国务院关于化解产能严重过剩矛盾的指导意见》（国发[2013]41 号）、《工业和信息化部关于下达2015年重点行业淘汰落后和过剩产能目标任务的通知》（工信部产业〔2015〕129号）、《2015年重点行业淘汰落后和过剩产能企业名单》，发行人所从事的沥青混合料生产业务不属于产能过剩行业。根据《产业结构调整指导目录（2019年本）》，沥青混合料生产行业不属于限制类和淘汰类产能。

但由于沥青混合料生产行业已经进入高度成熟期，国内传统沥青混合料生产行业壁垒不高，行业竞争激烈。在生态优先、绿色发展的和谐社会形势下，原有传统沥青拌和站的环保要求已不能适应新形势的需要。2016年开始中央环保到各地巡视督查已成为常态，大批排放粗犷型的沥青混合料拌和站被关停，建设城市型沥青混合料拌和站以及形成建设城市型沥青砼环保拌和基地标准成为迫切的需要。

相较于传统沥青拌和厂，发行人下属杭州仁和环保型沥青生产基地采用创新性的综合环保工艺手段，实现沥青混合料生产运营过程中的节能、减排、环保模式，不仅有效地降低了碳、废气污染物、$PM_{2.5}$向大气中的排放量，而且尽最大可能地减少对周边环境的影响，打开了集拌合工厂化、操作智能化、生产环保化为一体的绿色沥青生产基地新格局。

根据浙江省住房与城乡建设厅、杭州市城乡建设委员会的验收意见：项目根据污染物排放标准，设计了低排放的沥青混合料生产的环保工艺，实现了沥青混合料的节能减排。项目在工艺设计上具有创新性，获得专利成果7件，其中发明专利1件。项目研究成果在杭州市路桥集团仁和沥青拌和站得到成功应用，社会效益和经济效益显著，具有一定的推广应用价值。

因此，虽然沥青混合料行业不存在产能过剩的情形，但随着环保政策趋紧，沥青混合料行业面临转型升级的压力，环保型沥青拌和站将会成为未来的市场主流。

从产品来看，沥青混合料的供需模式是按需生产，即按市场需求或客户订单组织生产，且热拌沥青混合料产品对温度比较敏感，必须在规定温度内进行施工，受制于温度变化，运输距离有限，沥青混合料产品具有明显的时效性和区域性。根据初步统计，杭州区域范围内沥青混合料年度需求量超过1000万吨。

发行人沥青混合料的客户以沥青混合料生产基地周边的建筑施工及市政工程企业为主，且主要为发行人市政工程业务的长期合作伙伴。发行人"城市环保型沥青拌和厂项目创新成果"被杭州市市政行业协会评为"杭州市市政行业科技成果"，从客户储备、拌和站设备先进性、环保措施完备性、生产工艺先进性等方面进行比较，发行人在其沥青混合料运输半径内具有明显的竞争优势。截至2021年12月31日，发行人沥青混合料产品的在手尚未执行的订单金额为2278万元，发行人产品需求旺盛。

由此可见，发行人沥青混合料产品在区域内不存在产能过剩的情形。

②关于"新型环保路面修补材料及铺牌冷补料优于普通国产同类冷补料，基本与美国冷补料性能持平"的客观依据，发行人在招股说明书中对及铺牌冷补料性能进行了介绍。"两款及铺牌冷补料产品性能良好，稳定度、肯塔堡飞散、动稳定度等关键技术指标检测结果同等条件下优于国内外同类产品；产品适水路用性能满足冬冷季、夏雨季道路养护快速修复使用需求，破损率符合预期；在施工和易性、耐久性等方面的路用性能表现良好，优于普通国产同类冷补料，基本与美国冷补料性能持平，可满足道路养护快速修复使用需求。"

上述结论的依据主要来自发行人《全天候冷补料的研究及在城镇道路养护中的应用课题报告》，该报告通过国内外的资料调研，取样检测，经过室内试验与试验段的铺筑与检测，对自行研发的冷补料的基本性能和路面使用效果进行研究。杭州市市政行业协会对该科研项目出具了验收意见：经协会专家鉴定，课题验收资料基本齐全、数据真实，满足验收条件，课题整体达到国内先进水平，一致同意通过验收。

发行人及铺牌冷补料作为新型环保路面修补材料，主要用于发行人自身养护及道路抢修作业过程中的路面快速修补，尚未对外销售；而发行人对外销售的沥青混合料主要为普通沥青混合料，主要用于路面摊铺工程，两者存在一定区别。截至目前，发行人及铺牌冷补料已应用于同协路、丁兰路等多条道路的养护及维修作业，整体情况良好，反馈优异。

（4）说明发行人"智慧养护平台"的功能情况

发行人"智慧养护平台"目前的主要功能，是否仅作为中后台管理系统支撑前台业务的开展，是否属于核心技术的范畴。

"智慧养护平台"是以解决城市治理主要问题为导向，实现以流程化的方式完善道路、桥梁和隧道的日常养护和各类工程的运行监管，形成集养护区域、养护单位、养护任务于一体的科学化、规范化管理的信息化智能平台。"智慧养护平台"通过整合有关城市市政设施管理方面的信息资源，建立统一的城市市政设施管理数据库，形成链接市级、区级、设施点的网络信息平台，集数据管理、动态监控、智能分析、行动指挥等功能于一体，做到城市管理问题的快速发现、快速反应、快速处置、快速解决。

"智慧养护平台"是发行人"智慧养护模式"的实施基础，不是仅作为中后台管理系统支撑前台业务的开展。"智慧养护平台"是发行人基于自身在市政养护行业的丰富经验，以道路和桥梁等市政设施的日常巡查和养护为核心功能，采用先进的技术架构，将线下的作业流程线上化，而打造的信息化智能平台。该平台除了为发行人养护作业提供精细化、标准化管控外，还通过智能模块从多纬度进行数据分析，为设施的管理者提供决策依据和预警提醒等，系发行人服务体系的重要组成部分。

另外，"智慧养护平台"经过多年的系统开发及持续运营，积淀了各养护项目的运营数据，形成数据资产。目前系统中已具备7585个设施及构件的信息化数据，已建立157万条病害数据、维修数据、巡查数据等，形成较完备的设施基础数据库，为后续开发大数据应用奠定基础。因此，"智慧养护平台"是发行人"智慧养护模式"的实施基础，不是仅作为中后台管理系统支撑前台业务的开展。

此外，公司积极拓宽"智慧养护模式"业务渠道，已摸索出一套以"智慧养护平台"为核心的养护操作管理输出的模式，公司先后承接了杭州市城市管理局"智慧市政"一期、二期项目，义乌城投"义乌数字养护平台"项目，象山城投"养护大数据管理中心"等众多项目。公司通过建立基地管理标准、信息化养护标准、养护操作标准，输出养护操作理念，对传统养护企业进行流程重塑，帮助传统养护企业转型适应现代化城市管理需求。

综上所述，"智慧养护平台"属于公司核心技术的范畴。

（5）说明发行人创新的具体体现

请发行人结合前述事实及公司经营实际，分析说明发行人创新特征的具体体现，结合业务发展前景、募投项目等内容，分析发行人如何实现传统产业的转型升级。

回复如下：

发行人作为国内市政管养创新领导城市的主力军和承载主体，围绕建立全方位、高质量、有特色的市政设施管理与养护工作体系，利用创新新材料、研发新技术、开发新设备、探索新业态新模式等手段，有效提升了市政设施养护规范化、精细化、专业化和智能化水平，提升了城市面貌与品位。发行人创新特征具体体现如下。

①产品创新——研发道路抢修新型材料。

发行人借鉴国内外冷补技术，重点围绕产品关键指标、施工工艺两项核心内容，自主研发生产了新型环保路面修补材料及铺牌冷补料。

公司及铺牌冷补料现有LB-5、LB-10两种型号，是一种高性能全天候型产品，可适水作业，能满足冬冷季、夏雨季等天气条件，可应用于高速公路、高架桥面、城市道路、小区、停车场、公园、井盖四周等场景。经现场应用测试，两款及铺牌冷补料产品性能良好，稳定度、肯塔堡飞散、动稳定度等关键技术指标检测结果同等条件下优于国内外同类产品；产品适水路用性能满足冬冷季、夏雨季道路养护快速修复使用需求，破损率符合预期；在施工和易性、耐久性等方面的路用性能表现良好，优于普通国产同类冷补料，基本与美国冷补料性能持平，可以满足道路养护快速修复使用需求。

截至2021年底，该款冷补料已累计在杭州市城区如同协路、丁兰路等多条道路上使用，整体情况良好，反馈优异。

②技术创新——发挥技术中心创新作用，引领行业标准。

发行人设有杭州市建设行业市级企业技术中心，是城市基础设施智能化浙江省工程研究中心主要合作单位。公司技术成果在产业实践中得到充分应用，公司已获得授权专利22项，软件著作权1

项，公司技术的研发成果均应用于公司主营业务，实现了与公司产业的高度融合。

公司参与制定了《城镇道路养护技术规范》（国家行业标准）、《城市地下综合管廊运行维护技术规范》（浙江省工程建设标准）、《城镇道路掘路修复技术规程》（浙江省工程建设标准）和《SBS改性沥青混合料应用技术规程》（浙江省工程建设标准）等多项行业标准。公司建筑固废高效利用关键技术及工程应用获得了浙江省科学进步奖二等奖、城市大规模隧道全寿命安全运维关键技术及应用获得了中国产学研合作创新与促进奖合作创新成果奖二等奖。公司与浙江大学城市学院、长三角城市基础设施科学研究院等单位合作研发了城市隧道渗漏水病害发生机理及治理技术研究、新型双层高弹改性SMA钢桥面铺装技术研究等多个项目。

③科技创新——养护标准化装备研发，沥青混合料环保生产理念。

公司基于自身多年的养护经验，自主设计并联合专用汽车厂商改造了一批在智能性、专业性、安全性、美观性等方面有特色和特点的路面养护车、桥梁养护车、隧道养护车、绿化养护车，并通过不断升级迭代，将其打造成为适用于各种养护设施使用场景，集现场作业、材料运输、智能巡检为一体的现代养护作业平台，并形成与之配套的后勤保障、信息处理分析、全流程管控等多功能的综合性现代化养护操作体系。

另外，公司仁和沥青混合料生产基地通过自主创新，采用全封闭式结构设计、立体式储料仓、地下石料输送，优化空间布局，运用喷雾除尘系统、喷淋塔废弃净水器、立体石料仓卸料口粉尘收集气罩、布袋除尘箱等先进环保设备，通过积极开发改进沥青混合料生产线设备、储运系统和物流生产信息管理系统等，有效去除有机废气，降噪除尘，实现智能高效、绿色环保的生产理念。

④业态创新——打造综合性智能化的"智慧养护平台"。

为契合智慧城市建设，发行人利用杭州作为新兴技术发源地的优势，借助杭州市政府对新兴技术应用的开放态度，实施了养护业务的智慧升级。发行人"智慧养护模式"以"智慧养护平台"为基础，通过建立标准化作业流程实现养护的专业化，进而引进并广泛使用智能化作业设备，积极探索新技术在养护行业的应用，提升养护业务的科技化，最后搭建数字化平台实现养护的智慧化，改革养护生产模式，把养护业务推向高质量发展的轨道。

⑤模式创新——推广一体化综合养护模式。

公司发挥集团业务组合优势，积极推广道路、市政、环卫一体化综合养护模式，有效对外开拓市场、实现规模效应、降低内部成本。公司在"十三五"期间承接了多个综合养护项目，如拱墅区湖墅南路等市属区管道路市政环卫一体化综合养护项目、西湖区望江山路道路一体化综合养护项目，尤其是青山湖科技城项目，已成为一体化综合养护的成功样板。

一体化综合养护，体现了资源共享、集约管理、高效养护的科学效能，是对标城市精细化管理的现实要求。"十四五"期间，一体化综合养护模式预计将成为各地区采用的主流模式，公司将在市场拓展时积极宣传和推广标杆案例，突出公司多位一体综合养护的优势，打响公司养护品牌。

⑥实现传统产业转型升级。

"智慧养护平台"和养护企业的"智慧养护模式"是适应现时代数字化改革需要的新生产物，既推动IT技术在传统企业的应用，也促进了传统企业快速转型。发行人在市政设施管修行业中率先成立研发团队自主研发，掌握核心技术，在行业中先行实施养护运营作业模式由传统型向数字化科技型养护企业转型提升，既是对传统养护模式的创新，也是对传统养护模式的颠覆，通过科技的力量全面提升养护管理与运营效能，并通过主营业务推广成功模式与研发成果，形成市政养护企业运营与作业规范标准，从而推动行业标准的制定及行业的转型升级，发行人将成为引领行业的标杆。

作为"城市大脑""智慧城市"等城市大数据管理的行业分支，随着城市智慧化程度的提高、需求的提升，以及智能网联技术、人工智能技术的发展，发行人"智慧养护平台"未来的研发重点是继续向养护机械设备智能化、设施管控无人化、大型市政设施养护作业人工智能化等方面开展，进一步解放市政养护企业的生产力，彻底改变传统养护行业劳动密集型的格局。发行人已将"数字赋能"列入公司"十四五"战略规划，公司发展目标是转型升级为市政设施管修行业智能网联化核心服务商，以"智慧养护"为基础，聚焦信息化、智能网联、智慧城市业务领域，不断集成城市管理相关信息，实现更多智慧感知、智能化设备及无人化管控，引领市政设施管养行业的智能化。

6.2.4 持股平台（沪江材料，870204）

1.北交所审核问题——补充披露持股平台相关信息

根据公开发行说明书，沪宏管理和沪恒管理分别持有发行人3.51%和2.64%股份，其中沪宏管理为发行人员工持股平台。

2.请发行人说明

①补充披露员工持股平台的设立背景、出资情况、管理方式及禁售期约定，是否均为发行人内部职工，是否存在非员工持股情形及合理性，入股员工的选定依据及其在发行人的工作时间、任职情况；沪宏管理、沪恒管理与实际控制人是否存在一致行动关系。

②补充披露沪宏管理和沪恒管理股东出资是否为自有资金出资，是否存在股权代持或其他利益安排，是否存在纠纷或潜在纠纷。

③结合报告期内持股变动情况（如有），说明员工持股平台关于内部股权转让、离职或退休后股权处理的相关约定以及股权管理机制，是否存在纠纷或潜在纠纷。

④补充披露报告期内上述持股平台是否存在股份转让，如有请说明转让的具体情况、股份转让价格的定价依据，并说明报告期内是否存在涉及股份支付的事项，如涉及，请补充披露股份授予价格、权益工具公允价值的确认方法及相关计算过程，相关会计处理是否符合《企业会计准则》相关规定。

3.发行人回复

（1）补充披露持股员工的相关信息

补充披露员工持股平台的设立背景、出资情况、管理方式及禁售期约定，是否均为发行人内部职工，是否存在非员工持股情形及合理性，入股员工的选定依据及其在发行人的工作时间、任职情况；沪宏管理、沪恒管理与实际控制人是否存在一致行动关系。

回复如下：

沪宏管理

沪宏管理设立于2016年3月，系发行人为了进一步促进自身的规范运作与持续发展，建立健全激励与约束相结合的中长期激励机制，稳定核心团队和业务骨干，充分调动中层管理人员和核心骨干员工的积极性并增强其凝聚力，激励相应员工而设立的员工持股平台。

①合伙协议上的沪宏管理出资情况

合伙协议上的沪宏管理出资情况如表6-24所示。

表6-24　合伙协议上的沪宏管理出资情况表

序号	股东名称	出资额（万元）	出资比例
1	陈小雨	60.00	15.00%
2	沪汇咨询	74.00	18.50%
3	郭海燕	20.00	5.00%
4	李心勤	15.00	3.75%
5	蓝莉莉	10.00	2.50%
6	王起文	10.00	2.50%
7	苏平	10.00	2.50%
8	蒋洋	10.00	2.50%

续表

序号	股东名称	出资额（万元）	出资比例
9	高法革	10.00	2.50%
10	濮成兰	10.00	2.50%
11	朱红星	10.00	2.50%
12	秦竑	10.00	2.50%
13	杨家林	10.00	2.50%
14	郭玲	10.00	2.50%
15	王莉	10.00	2.50%
16	于强	10.00	2.50%
17	夏云福	10.00	2.50%
18	周飞飞	10.00	2.50%
19	周伟	15.00	3.75%
20	翟福音	10.00	2.50%
21	孙斯兰	10.00	2.50%
22	符小丽	8.00	2.00%
23	杨金龙	8.00	2.00%
24	吴世强	5.00	1.25%
25	李南	5.00	1.25%
26	方金花	5.00	1.25%
27	陶强	5.00	1.25%
28	曹明君娜	5.00	1.25%
29	潘跃后	5.00	1.25%
30	李玉凤	5.00	1.25%
31	许凯	3.00	0.75%
32	王蓉蓉	1.00	0.25%
33	贾声祥	1.00	0.25%
	合计	400.00	100.00%

②管理方式及禁售期约定

沪宏管理的管理方式由普通合伙人沪汇咨询执行合伙事务。

2016年3月设立沪宏管理时，未约定禁售期。

2021年6月，公司提交向不特定合格投资者公开发行股票并在精选层挂牌申请时，沪宏管理出具了股份限售承诺，2021年10月30日，北交所发布《北京证券交易所向不特定合格投资者公开发行股票并上市审核规则（试行）》的公告，该规则施行后，原精选层在审项目将平移至北交所。

因此，公司2021年11月提交向不特定合格投资者公开发行股票并在北交所上市申请时，沪宏管理再次就股份限售情况出具了承诺，主要内容如下："自沪江材料股票在北京证券交易所上市之日起12个月内不转让或者委托他人管理本合伙企业已直接或间接持有的沪江材料在北京证券交易所上市前已发行的股份，也不提议由沪江材料回购本合伙企业的该部分股份。"

③股东身份及出资情况

沪宏管理作为公司员工持股平台，合伙人中除普通合伙人沪汇咨询外，其余人员均为发行人内部员工，均以自有资金出资，其持有合伙平台的份额均为其真实持有，不存在股权代持或其他利益安排，不存在纠纷或潜在纠纷。

④入股员工选定依据及任职情况

沪宏管理入股员工的选定依据主要参照标准如表6-25所示。

表6-25　沪宏管理入股员工的选定依据主要参照标准

入股员工选定依据	具体内容
基本条件	持股人员须在公司或子公司任职，且已与公司签订劳动合同； 拥有相应认购股份资金，并能够提供资金证明； 愿意作为持股候选人，填写股权认购书，同意合伙协议中的所有约定
确定标准	各部门经理（正副职）； 各科室、车间主管人员； 经总经理确认的对公司有贡献的先进员工

截至招股说明书签署日，沪宏管理入股员工任职的基本情况如表6-25所示。

表6-26 沪宏管理入股员工任职情况表

序号	股东名称	入股员工的选定依据	在发行人的工作时间	在发行人的任职情况
1	陈小雨	部门经理	2007年8月至今	2007年8月至今，历任公司吹膜技术员、吹膜车间值班长、车间主任助理、吹膜技术总监、技术部研发人员
2	郭海燕	部门经理	2008年5月至今	2008年5月至今任人力资源科科长、监事
3	李心勤	部门主管	1995年9月至今	1995年9月至今历任设备科电工、制袋车间技术员、制袋车间主任、设备科科长、技术部研发人员
4	蓝莉莉	先进员工	2010年7月至今	2010年7月至今历任生产部助理、销售部经理助理、销售部副经理、销售部科员
5	王起文	先进员工	2008年3月至今	2008年3月至今任制袋车间总检
6	苏平	先进员工	2012年12月至今	2012年12月至今历任异型袋车间 操作工、车间总检、技术部研发人员
7	蒋洋	先进员工	2013年7月至今	2013年7月至今历任办公室秘书、办公室副主任、监事会主席
8	高法革	先进员工	2008年12月至今	2008年12月至今一直从事吹膜机长工作、技术部研发人员
9	濮成兰	先进员工	2012年3月至今	2012年3月22日至今任总务科科员
10	朱红星	先进员工	2010年2月至今	2010年2月至今历任复合工段机长、分切工段工段长、复合工段机长、技术部研发人员
11	秦竑	先进员工	2011年2月至今	2011年2月至今一直从事生产部吹膜工段生产计划工作
12	杨家林	先进员工	2008年12月至今	2008年12月至今历任机修车间副主任、制袋车间维修员、机修车间资深工段长、技术部研发人员

续表

序号	股东名称	入股员工的选定依据	在发行人的工作时间	在发行人的任职情况
13	郭玲	部门主管	2004 年 3 月至今	2004 年 3 月至今历任制袋车间主任、工艺科科员、车间主任、技术部研发人员
14	王莉	先进员工	2006 年 2 月至今	2006 年 2 月至今历任制袋车间总检、制袋巡检
15	于强	先进员工	2007 年 10 月至今	2007 年 10 月至今任复合工段机长、技术部研发人员
16	夏云福	先进员工	2007 年 6 月至今	2007 年 6 月至今历任分切工段机长、复合车间总检、技术部研发人员
17	周飞飞	先进员工	2009 年 10 月至今	2009 年 10 月至今任财务部往来税务会计
18	周伟	部门主管	2012 年 4 月至今	2012 年 4 月至今历任制袋车间技术员、部门调度员、部门副经理、技术部研发人员
19	翟福音	先进员工	2011 年 8 月至今	2011 年 8 月至今任人力资源科培训专员
20	孙斯兰	部门经理	1999 年 11 月至今	1999 年 11 月至今，历任公司财务部经理、监事，现任公司财务负责人、董事
21	符小丽	部门经理	2007 年 5 月至今	2007 年 5 月至今任工艺科科长、监事、技术部研发人员
22	杨金龙	先进员工	2011 年 3 月至今	2011 年 3 月至今任体系专员、技术部研发人员
23	吴世强	先进员工	2013 年 10 月至今	2013 年 10 月至今历任制袋车间操作工、彩印工段操作工、彩印工段机长、彩印工段工段长
24	李南	先进员工	2009 年 5 月至今	2009 年 5 月至今历任异型袋车间操作工、技术员、技术部研发人员
25	方金花	先进员工	2009 年 9 月至今	2009 年 9 月至今一直从事财务部出纳工作
26	陶强	先进员工	2008 年 9 月至今	2008 年 9 月至今历任制袋车间机长、工段长、资深工段长、技术部研发人员
27	曹明君娜	先进员工	2016 年 6 月至今	2016 年 6 月至今任销售部科员

续表

序号	股东名称	入股员工的选定依据	在发行人的工作时间	在发行人的任职情况
28	潘跃后	先进员工	2001 年 1 月至今	2001 年 1 月至今历任制袋车间机长、技术员、技术部研发人员
29	李玉凤	先进员工	2014 年 10 月至今	2014 年 10 月至今任办公室秘书
30	许凯	先进员工	2009 年 4 月至今	2009 年 4 月至今历任吹膜工段值班长、吹膜工段长、吹膜工段资深工段长、技术部研发人员
31	王蓉蓉	部门主管	2008 年 3 月至今	2008 年 3 月至今任异型袋车间主任、董事
32	贾声祥	先进员工	2009 年 1 月至今	2009 年 1 月至今历任设备科电工、工段长、技术部研发人员

⑤一致行动情况

沪宏管理的普通合伙人及执行事务合伙人均为沪汇咨询，发行人实际控制人章育骏、秦文萍、章澄、章洁分别持有沪汇咨询出资的40%、30%、15%和15%，章育骏、秦文萍、章澄、章洁可通过沪汇咨询共同控制沪宏管理，沪宏管理与发行人实际控制人存在一致行动关系。

沪恒管理

沪恒管理发行人系合伙人为其投资而设立的专门持股平台，并非发行人员工持股平台，其自然人合伙人均系公司实际控制人的亲属或好友，均不在公司任职。

①关系及持股原因

沪恒管理入股合伙人与公司董事、监事和高级管理人员之间的关系及持股原因具体如表6-27所示。

表6-27　关系及持股原因表

序号	合伙人姓名／名称	关系	持股原因
1	沪汇咨询	实际控制人控制的企业	作为执行事务合伙人管理持股平台
2	崔双宝	董事长章育骏朋友	看好公司长期发展前景为获得投资收益而自愿入股，由于未在公司任职，通过外部投资者平台沪恒管理间接持有发行人股份
3	殷歆增	总经理、董事章澄朋友	
4	戴飞	总经理、董事章澄朋友	
5	秦文娥	董事秦文萍姐妹	
6	秦文燕	董事秦文萍姐妹	
7	陈永	董事长章育骏朋友	
8	张晓冬	总经理、董事章澄朋友	
9	王海燕	总经理、董事章澄夫人	看好公司长期发展前景，同时也是支持家人事业，而自愿入股，由于未在公司任职，通过外部投资者平台沪恒管理间接持有发行人股份
10	徐美华	董事徐波母亲	

　　因此，秦文娥、秦文燕与秦文萍系姐妹关系，王海燕与章澄系夫妻关系，徐美华与徐波系母子关系，沪汇咨询系由公司实际控制人控制的公司，除上述关联关系外，沪恒管理合伙人与发行人及其控股股东、实际控制人、董事、监事、高级管理人员、其他核心人员及其近亲属，不存在关联关系、委托持股等利益安排。

　　②合伙协议上的沪恒管理出资情况

　　合伙协议上的沪恒管理出资情况如表6-28所示。

表 6-28　合伙协议上的沪恒管理出资情况

序号	股东名称	出资额（万元）	出资比例
1	崔双宝	80.00	26.67%
2	徐美华	50.00	16.67%
3	殷歆增	40.00	13.33%
4	秦文燕	30.00	10.00%
5	秦文娥	30.00	10.00%
6	王海燕	30.00	10.00%
7	陈永	15.00	5.00%
8	张晓东	10.00	3.33%
9	戴飞	10.00	3.33%
10	沪汇咨询	5.00	1.67%
合计		300.00	100.00%

沪恒管理合伙人的资金来源均为自有或自筹资金，其持有合伙平台的份额均为其真实持有，不存在股权代持或其他利益安排，不存在纠纷或潜在纠纷。

③管理方式及禁售期约定

沪恒管理的管理方式由普通合伙人沪汇咨询执行合伙事务。

沪恒管理设立于2016年3月，当时未约定禁售期。

2021年6月，公司提交向不特定合格投资者公开发行股票并在精选层挂牌申请时，沪恒管理出具了股份限售承诺，2021年10月30日，北交所发布《北京证券交易所向不特定合格投资者公开发行股票并上市审核规则（试行）》的公告，该规则施行后，原精选层在审项目将平移至北交所。

因此，公司2021年11月提交向不特定合格投资者公开发行股票并在北交所上市申请时，沪恒管理再次就股份限售情况出具了承诺，主要内容如下："自沪江材料股票在北京证券交易所上市之日起12个月内不转让或者委托他人管理本合伙企业已直接或间接持有的沪江材料在北京证券交易所上市前已发行的股份，也不提议由沪江材料回购本合伙企业的该部分股份。"

④一致行动情况

沪恒管理的普通合伙人及执行事务合伙人均为沪汇咨询，发行人实际控制人章育骏、秦文萍、章澄、章洁分别持有沪汇咨询出资的40%、30%、15%和15%，章育骏、秦文萍、章澄、章洁可通过沪汇咨询共同控制沪恒管理，沪恒管理与发行人实际控制人存在一致行动关系。

（2）补充披露持股平台的信息

补充披露沪宏管理和沪恒管理股东出资是否为自有资金出资，是否存在股权代持或其他利益安排，是否存在纠纷或潜在纠纷。

沪宏管理作为公司员工持股平台，合伙人中除普通合伙人沪汇咨询外，其余人员均为发行人内部员工，均以自有资金出资，其持有合伙平台的份额均为其真实持有，不存在股权代持或其他利益安排，不存在纠纷或潜在纠纷。

沪汇咨询系由公司实际控制人控制的公司，沪恒管理合伙人与发行人及其控股股东、实际控制人、董事、监事、高级管理人员、其他核心人员及其近亲属，不存在关联关系、委托持股等利益安排。沪恒管理合伙人的资金来源均为自有或自筹资金，其持有合伙平台的份额均为其真实持有，不存在股权代持或其他利益安排，不存在纠纷或潜在纠纷。

（3）说明持股变动的情况

结合报告期内持股变动情况（如有），说明员工持股平台关于内部股权转让、离职或退休后股权处理的相关约定以及股权管理机制，是否存在纠纷或潜在纠纷。

沪宏管理

《南京沪宏企业管理咨询中心（有限合伙）有限合伙协议》对权益内部流转、退出进行了明确约定，具体如下。

一、拟转让有限合伙权益的有限合伙人（"转让方"）申请转让其持有的全部或部分有限合伙权益的，当下列条件全部满足时方为一项"有效申请"。

①权益转让不会导致有限合伙的有限合伙人多于49人。

②转让方至少提前30天向普通合伙人发出转让请求。

③拟议中的受让方（"拟议受让方"）已向普通合伙人提交关于其同意受本协议约束及将遵守本协议约定、承继转让方全部义务的承诺函，以及普通合伙人认为适宜要求的其他文件、证件及信息。

④拟议受让方已书面承诺承担该次转让引起的有限合伙及普通合伙人所发生的所有费用。

若普通合伙人根据其独立判断认为拟议中的转让符合有限合伙的最大利益，则可决定放弃上述条款②～④项规定的一项或数项条件，认可一项有关有限合伙或权益转让的申请"有效申请"。

二、对于一项有关有限合伙权益转让的有效申请，普通合伙人有权独立作出同意或不同意的决定；但如果拟议受让方为转让方的关联人且转让方为拟受让方后续出资义务承担连带责任的，则普通合伙人应予同意。

三、除拟议受让方为转让方关联人之情形外，对于根据本协议规定经普通合伙人同意转让或退出的有限合伙权益，同等条件下普通合伙人有第一顺序的优先受让权，其他有限合伙人有第二顺序的优先受让权，如享有优先受让权的合伙人放弃优先受让权，则拟转让方可将有限合伙权益转让给第三方。

四、有限合伙人可依据本协议约定转让其持有的有限合伙权益从而退出有限合伙，除此之外，有限合伙人不得提出退伙或提前收回投资本金的要求。

五、有限合伙人发生下列情形时，当然退伙。

①依法被吊销营业执照、责令关闭撤销，或者被宣告破产。

②持有的有限合伙权益被法院强制执行。

③发生根据《合伙企业法》规定视为当然退伙的其他情形。

有限合伙人依上述约定当然退伙时，有限合伙不应因此解散。有限合伙人依上述条款退伙的，对于该有限合伙人拟退出的有限合伙权益，普通合伙人按照协议规定享有和行使优先受让权；普通合伙人放弃优先受让权的，有限合伙人总认缴出资额相应减少。

因此，沪宏管理中的员工转让其权益时，须得到普通合伙人沪汇咨询的同意。沪宏管理未对员工离职或退休后的股权处理作出约定。

发行人的员工持股平台在其合伙协议中对其份额的转让、退出及管理作出了约定，不存在纠纷或潜在纠纷。

沪恒管理

沪恒管理作为公司股东，其持有的公司股权未发生变动，一直为60万股；同时，沪恒管理内部股权亦未发生过变动。因此，不存在涉及股份支付的情形。

沪恒管理在《南京沪恒企业管理咨询中心（有限合伙）有限合伙协议》中对权益内部流转、退出约定了与沪宏管理相同的内容。合伙人转让其权益时，须得到普通合伙人沪汇咨询的同意。沪恒管理中的合伙人均非公司员工，其自然人合伙人均系公司实际控制人的亲属或好友，均不在公司任职，自然人合伙人在得到普通合伙人沪汇咨询同意后，可按照自身意愿转让其持有的沪恒管理权益，沪恒管理未对其自然人合伙人的股权处理有其他约定。

发行人对外部投资者平台在其合伙协议中对其份额的转让、退出及管理作出了约定，不存在纠纷或潜在纠纷。

（4）补充披露股份转让的情况

补充披露报告期内上述持股平台是否存在股份转让，如有请说明转让的具体情况、股份转让价格的定价依据，并说明报告期内是否存在涉及股份支付的事项，如涉及，请补充披露股份授予价格、权益工具公允价值的确认方法及相关计算过程，相关会计处理是否符合《企业会计准则》相关规定。

沪宏管理

沪宏管理作为公司股东，其持有的公司股权未发生变动，一直为80万股。但是沪宏管理内部存在多次股权转让，具体情况如表6-29所示。

表 6-29　沪宏管理内部存在过多次转让情况表

时间	转让方	受让方	转让出资额（万元）	占比	转让价格（万元）	转让原因
2018 年3 月 6 日	陈荣	沪汇咨询	5.00	1.25%	5.00	陈荣因离职，申请将其股权转让。经协商，
2018 年3 月 14 日	沪汇咨询	陈小雨	5.00	1.25%	5.00	陈小雨愿意受让陈荣转出的股权
2018 年9 月 10 日	王武	沪汇咨询	10.00	2.50%	10.00	王武因离职，申请将其股权转让。经协商，
2018 年9 月 20 日	沪汇咨询	陈小雨	5.00	1.25%	5.00	陈小雨愿意受让王武转出的股权。经协商，
2018 年9 月 20 日	沪汇咨询	周伟	5.00	1.25%	5.00	周伟愿意受让王武转出的股权
2019 年7 月 4 日	陈思亮	沪汇咨询	10.00	2.50%	10.00	陈思亮因离职，申请将其股权转让
2019 年11 月 20 日	左瑞童	沪汇咨询	8.00	2.00%	8.00	左瑞童因个人资金需求，申请将其股权转让
2020 年6 月 30 日	陈世林	沪汇咨询	10.00	2.50%	10.00	陈世林因离职，申请将其股权转让

沪宏管理设立于2016年3月，设立时已经根据各员工对公司的贡献程度把股权份额分派到个人，并且沪宏管理于2016年4月按照每份注册资本5元的价格增资持有公司80万元注册资本，增资价格合理。

沪宏管理内部存在上述股权转让，系持股平台内部合伙人之间的股权转让，不存在新进合伙人，系转让员工自身意愿的表达，不涉及股份支付，无须进行股份支付处理。

沪恒管理

报告期内，沪恒管理作为公司股东，其持有的公司股权未发生变动，一直为60万股；同时，沪恒管理内部股权亦未发生过变动，因此，不存在涉及股份支付的情形。

6.2.5 对赌协议（威博液压，871245）

1.北交所审核问题——特殊投资条款的变更及影响

根据招股说明书，发行人机构股东经开创投、科创产投、海宁海睿分别持有发行人6.0256%、6.0256%和5.1282%的股份。经开创投、科创产投与发行人实际控制人马金星、董兰波签署有《回购协议》《回购协议之补充协议》，约定了董事会人选提名权、利润承诺、股份回购、共同出售权等，后各方通过签署《关于〈江苏威博液压股份有限公司之回购协议〉之补充协议》约定前述协议暂对各方不具有约束力，发行人精选层挂牌成功后，各方在协议中规定的权利义务永久归于消灭，否则协议将自行恢复效力。海宁海睿与发行人及发行人实际控制人马金星、董兰波签署有《增资协议》，与发行人实际控制人马金星、董兰波签署有《增资协议之补充协议（一）》，约定有竞业禁止、业绩承诺、股份回购、估值调整、优先认购权及优先受让权、随售权、优先清算权等，后海宁海睿与发行人及发行人实际控制人马金星、董兰波和豪信液压、众博信息签署《关于〈江苏威博液压股份有限公司之增资协议〉及〈江苏威博液压股份有限公司之增资协议之补充协议〉之补充协议》终止前述协议部分条款的效力。

2.请发行人说明

①补充披露上述协议的签订主体、签订时间、签订背景、协议主要内容、履行审议程序及信息披露义务的情况，对照《挂牌公司股票发行常见问题解答（四）——特殊投资条款》相关要求，逐项说明上述特殊投资条款是否符合监管要求。

②补充披露上述协议具体的效力调整情况，目前仍有效的条款的主要内容，已终止的特殊投资条款是否彻底终止、是否为附条件终止、是否存在其他替代性利益安排，相关调整是否履行审议程序及信息披露义务，是否符合发行人公司章程及《公司法》相关规定。

③结合自身实际情况，逐项说明报告期内是否存在触发对赌协议生效的情形，上述各机构股东是否要求发行人、发行人的实际控制人及其他股东履行回购股份等义务，发行人、发行人的实际控制人及其他股东是否存在应履行未履行的义务，各方是否存在纠纷或潜在纠纷。

④结合上述事项说明发行人股权是否存在纠纷或潜在纠纷，是否可能影响控制权的稳定性，是否存在影响发行人持续经营能力或者投资者权益的情形，有针对性地披露相关风险因素，视情况进行重大事项提示。

⑤补充披露经开创投和科创产投是否受同一实际控制人控制，并根据《全国中小企业股份转让系统股票向不特定合格投资者公开发行并在精选层挂牌业务指南1号——申报与审查》等规定核对关于主要股东限售情况的信息披露是否准确。

3.发行人回复

（1）补充披露相关协议的情况

补充披露上述协议的签订主体、签订时间、签订背景、协议主要内容、履行审议程序及信息披露义务的情况，对照《挂牌公司股票发行常见问题解答（四）——特殊投资条款》相关要求，逐项说明上述特殊投资条款是否符合监管要求。

对赌协议情况介绍如下。

《回购协议》

签订主体、签订时间：2017年9月9日，经开创投、科创产投与公司实际控制人马金星、董兰波签订了《回购协议》。

签订背景：《回购协议》签订背景系公司于2017年9月开始筹备通过定向发行股票方式引进外部投资人入股事项，同年11月8日公司召开2017年第二次临时股东大会，审议同意向经开创投、科创产投、海宁海睿、虞炳泉、沈义共计5名认购对象定向发行800万股股份，其中经开创投认购265万股股份，科创产投认购235万股股份。经开创投、科创产投均为国有全资企业，经开创投主营业务为创业投资业务，科创产投主营业务为项目投资及资产运营管理。经开创投、科创产投因长期看好发行人所处行业及发行人自身业务发展前景，有意对公司进行股权投资。同时，马金星、董兰波作为公司的实际控制人，为进一步促进公司的发展有意为公司引入专业投资机构，有利于提高公司的规范运作水平、为公司后续进一步引进其他战略资源打下基础，故与经开创投、科创产投签订《回购协议》。经开创投、科创产投作为国有投资机构为降低对外投资风险，保障国有资产保值增值，在对外进行股权投资时按内部管理要求签订了《回购协议》，约定相关的特殊投资条款。

主要内容：《回购协议》约定了董事会人选提名权、利润承诺、股份回购、共同出售权等相关的特殊投资条款，主要内容如下。

一、公司治理承诺：在甲方（经开创投、科创产投）出资全部到位并完成股权登记后，甲方享有董事会人选提名权，江苏威博液压股份有限公司将按照公司法及公司章程的相关规定经董事会、股东大会选举、任命。在进行相关事项的董事会、股东大会表决时，乙方（马金星、董兰波）将表示支持。

二、利润承诺：乙方承诺甲方2017～2019年目标公司（发行人）经审计扣除非经常性损益后累计净利润不低于3000万元。

如未能实现上述利润承诺，甲方有权要求乙方或指定第三人按以下价格对经甲方持有股份进行回购……

三、触发事项的股份回购：乙方同意，自本协议签订之日起3年之内，当以下任一情况出现时，投资人有权要求乙方按要求回购投资人持有的目标公司全部或部分股份，或由乙方促成指定的任意第三方按要求受让投资人持有的公司全部或部分股份。

1. 目标公司不能向中国证券监督管理委员会（以下简称"证监会"）或证券交易所递交IPO审核的相关材料；

2. 涉及甲方认可的目标公司新三板股转系统非转板停牌（包括但不限于被勒令停牌）；

3. 触及重大资产重组收购，收购份额达目标公司50%以上资产或股东权益且收购价格甲方不能认可的。

上述触发事项发生后，乙方或指定第三人应在收到投资人发出之"股份回购"的书面通知当日起两个月内按甲方要求对全部或部分股份进行回购。

…………

六、其他说明：

1. 在增资过渡期内乙方应促成目标公司股东不得转让其所持有的部分或全部股份或在股权上设置质押等权利负担。

2. 乙方对甲方与江苏威博液压股份有限公司于2017年9月签订的股份认购协议书的履行承担连带保证责任。

3. 甲方投资持有期间，非经本协议双方协商一致并达成书面协议，乙方不得转让其在公司或本协议项下全部或部分的股份（包括直接或间接持有的份额）。如确实需要转让，甲方有权选择按相同的价格及条件同时向第三方出售其持有的目标公司全部或部分股份，且乙方应该保证第三方优先受让甲方拟出让的股份。如果因为交易制度，导致该涉及股票转让的条款无法实现的，双方另行协商解决。

4. 为符合有关境内上市的审核要求，各方一致同意，本协议的有关约定自江苏威博液压股份有限公司向中国证监会递交首次公开发行股票并上市（IPO）申请文件并获得受理时自动终止。

《回购协议》的签订履行了相关审议程序。2017年11月8日，发行人召开2017年第二次临时股东大会，审议通过《关于公司实际控制人马金星、董兰波与淮安经开创业投资有限公司、淮安科创产业投资有限公司签订〈回购协议〉的议案》，同意签订《回购协议》。

《回购协议》的签订履行了信息披露义务。2017年10月24日、2017年11月8日，发行人在全国股转系统信息披露平台分别公告了股票发行方案、2017年第二次临时股东大会决议，对《回购协议》签订及其主要内容予以披露。

《回购协议之补充协议》

签订主体、签订时间：2017年12月15日，经开创投、科创产投与公司实际控制人马金星、董兰波签订了《回购协议之补充协议》。

签订背景：签订背景系各方认为《回购协议》中，对于触发事项股份回购约定中，涉及甲方（经开创投、科创产投）认可的目标公司新三板股转系统非转板停牌（包括但不限于被勒令停牌）的表述较概括，对"甲方认可的非转板停牌情形"应予以明确，故签署了《回购协议之补充协议》。

主要内容：《回购协议之补充协议》主要内容如下。

《回购协议》第三条触发事项的股份回购中"2.涉及甲方认可的目标公司新三板股转系统非转板停牌（包括但不限于被勒令停牌）"修改为"2.目标公司发生下列事项，导致公司股票在全国股份转让系统公司停牌：①除因申请IPO转板上市外的原因，向全国股份转让系统公司主动申请终止挂牌；②未在规定期限内披露年度报告或者半年度报告；③出现依《公司法》第一百八十一条规定解散的情形，或法院依法受理公司重整、和解或者破产清算申请；（4）因重大违法违规等原因被全国股份转让系统公司强制停牌。"

《回购协议之补充协议》的签订履行了相关审议程序。2017年11月8日，发行人召开2017年第二次临时股东大会，审议通过《关于提请股东大会授权董事会办理本次股票发行相关事宜的议案》，授权董事会向全国中小企业股份转让系统公司提交本次定向增发的备案材料，并根据反馈意见补充、更新申请材料；授权董事会因股票发行备案审查反馈要求，可以修改或删除特殊投资条款；授权董事会办理与本次定向增发相关的其他一切事宜；授权有效期为自股东大会批准授权之日起12个月。2017年12月18日，公司召开第一届董事会第六次会议，审议通过了《关于公司实际控制人马金星、董兰波与淮安经开创业投资有限公司、淮安科创产业投资有限公司签订〈回购协议之补充协议〉的议案》，同意签订《回购协议之补充协议》。

《回购协议之补充协议》的签订履行了信息披露义务。2017年12月18日，发行人在全国股转系统信息披露平台公告了第一届董事会第六次会议决议以及股票发行方案（修订稿），对《回购协议之补充协议》签订及其主要内容予以披露。

《关于<江苏威博液压股份有限公司之回购协议>及<江苏威博液压股份有限公司回购协议之补充协议>之补充协议》

签订主体、签订时间：2021年5月31日，经开创投、科创产投与公司实际控制人马金星、董兰波签署了《关于〈江苏威博液压股份有限公司之回购协议〉及〈江苏威博液压股份有限公司回购协议之补充协议〉之补充协议》。

签订背景：签订背景系公司拟向全国股转系统申报向不特定投资者公开发行股票并于精选层挂牌事项，经开创投、科创产投认可公司精选层挂牌实现后，不需要再履行特殊投资条款。

协议主要内容如下。

一、回购协议履行情况：各方确定，公司实际控制人已实现《回购协议》约定之利润承诺；但根据威博液压战略规划，未能实现目标公司（即威博液压）向证监会或证券交易所递交IPO审核的相关材料，构成了《回购协议》约定之股份回购的触发事项。

二、解除安排：

1. 各方协商一致同意《回购协议》及《回购协议之补充协议》于本协议生效后中止，《回购协议》及《回购协议之补充协议》约定的内容暂对各方不具有约束力，各方暂不再执行且互不承担违约责任。

2. 《回购协议》及《回购协议之补充协议》的中止不影响

甲方与威博液压签订的《附生效条件的股份认购协议》的效力，《附生效条件的股份认购协议》约定的内容对各方均产生约束力，甲方仍可依据《附生效条件的股份认购协议》主张权利。

3.各方同意，若威博液压向全国股转系统申请向不特定合格投资者公开发行股票被否决或在精选层挂牌被否决或威博液压主动撤回申请材料，则自全国股转系统或中国证监会否决做出之日或撤回材料申请之日起，《回购协议》及《回购协议之补充协议》约定的所有内容将自行恢复效力。

在威博液压精选层挂牌成功后，《回购协议》及《回购协议之补充协议》中双方的权利义务永久归于消灭，双方不得再基于该《回购协议》及《回购协议之补充协议》向对方提出任何形式、内容的请求。

2021年9月3日，经开创投、科创产投与实际控制人马金星、董兰波签署《终止协议》，约定《回购协议》及《回购协议之补充协议》自《终止协议》生效后全部终止，其约定的内容均不再对各方具有约束力，各方均不再执行且互不承担违约责任；同时解除《关于〈江苏威博液压股份有限公司之回购协议〉及〈江苏威博液压股份有限公司回购协议之补充协议〉之补充协议》全部内容，自始不发生效力。

审议程序及信息披露：《关于〈江苏威博液压股份有限公司之回购协议〉及〈江苏威博液压股份有限公司回购协议之补充协议〉之补充协议》系实际控制人马金星、董兰波与经开创投、科创产投签订，公司未及时履行审议及信息披露程序。2021年6月15日，公司接到实际控制人通知后于全国股转系统信息披露平台发布了《关于实际控制人签署的特殊条款披露公告》，披露了《关于〈江苏威博液压股份有限公司之回购协议〉及〈江苏威博液压股份有限公司回购协议之补充协议〉之补充协议》的签订情况及具体内容。

2021年9月7日，发行人召开2021年第三次股东大会，审议通过《关于公司实际控制人马金星、董兰波与淮安经开创业投资有限公司、淮安科创产业投资有限公司签订〈终止协议〉的议案》，并于同日在全国股转系统信息披露平台公告了2021年第三次股东大会决议，对以上内容予以披露。

《增资协议》及《增资协议之补充协议》

签订主体、签订时间：2017年10月16日，海宁海睿与公司、该次发行前公司全体股东（马金星、董兰波、豪信液压、众博信息）签订《增资协议》。2017年10月20日，海宁海睿与马金星、董兰波签订《增资协议之补充协议》。

签订背景：《增资协议》及《增资协议之补充协议》签署背景系海宁海睿为私募投资基金，对外股权投资通常约定特殊投资条款以保障投资收益、减少风险。

主要内容：《增资协议》的主要内容约定了海宁海睿出资800万元认购公司新增的200万股，同时约定了以下特殊投资条款。

第六条 二、乙方（发行人）和丙方（该次发行前公司全体股东）共同向投资方保证和承诺如下：

…………

7. 标的公司的高级管理人员（副总裁和更高级人员）和核心业务人员与标的公司签订《竞业禁止协议》，该等协议条款和形式应至少包括以下内容：在任职期间内不得以任何形式从事或帮助他人从事与标的公司形成竞争关系的任何其他业务经营活动，在离开标的公司2年内不得在与标的公司经营业务相关或有竞争关系的企业任职；另外还应约定在职期间不得在其他任何公司或营利性组织中兼职。如果标的公司上述高级管理人员和核心业务人员违反《竞业禁止协议》，致使标的公司或投资方的利益受到损害，除该等人员须赔偿标的公司及投资方损失外，乙方和丙方应就公司或投资方遭受的损失承担连带赔偿责任。

…………

9. 在投资方按本协议约定支付相应投资款后，公司在上海证券交易所或深圳证券交易所首次公开发行股票并上市之前，公司及其子公司应（且管理层应促使标的公司及其子公司）向海宁海睿提供下列信息：I. 公司应于每季度结束后的30日内向海宁海睿提供上季度的资产负债表、利润表及现金流量表；II. 公司应于每个会计年度结束后的120日内向海宁海睿提供经海宁海睿认可的会计师事务所审计的前一会计年度的财务会计报告；III. 公司应于每个会计年度结束后的120日内向海宁海睿提交经董事会批准的下一个会计年度的年度预算报告和业务计划，并报经董事会批准；IV. 公司应提供海宁海睿所需的其他报告和信息及有关文件；V. 公司所有的财务报告必须根据中国的通用会计准则出具；VI.海宁海睿有资格对公司及其子公司进行例行检查并行使查阅权。

10. 未经甲方（海宁海睿）书面同意，丙方在甲方退出前转让其直接或间接持有的公司股份不得超过2%，且必须保证实际控制人不得变更（标的公司被并购或上市之后转让股份除外）。如果是原股东向其配偶、子女等直系亲属或同一控制下的关联方（含员工持股平台）转让股份，则不受上述条款约束（不计入累计转让比例），但导致公司实际控制人变更的除外。

…………

12. 如公司及其子公司中的任一方因本协议签署日之前涉及工商、税务、土地、环保、海关、质监、安全生产、劳动社保、消防、规划、建设、业务操作方式等事宜受到相关部门行政处罚的，则该等行政处罚由丙方和标的公司承担。

13. 如公司及其子公司中的任一方因本协议签署日之前产生的有关税收、社保的事项而发生税款补缴义务、社保补缴义务或缴纳滞纳金的，则由丙方和标的公司承担。

《增资协议之补充协议》主要约定了以下内容。

第一条 业绩承诺

乙方（马金星、董兰波）向甲方（海宁海睿）保证：

1.1 本次增资完成后，标的公司（威博液压）2017年、2018年和2019年三年经审计的扣除非经常性损益后归属于母公司所有者的净利润的累计之和保证不低于3000万元（"保证净利润"），且2017年、2018年和2019年中任一年度均保持盈利。

第二条 回购

2.1 未达业绩承诺的回购

2.1.1 若标的公司在累计三年实际净利润之和未达到前述第1.1条乙方承诺的保证净利润或在2017年、2018年和2019年中任一年度发生亏损，则乙方同意按以下方式对甲方持有标的公司的全部或部分股权进行回购……

2.2 其他条件的股份回购

2.2.1 如遇有以下情形，甲方有权要求乙方回购其持有公司的全部或部分股份，回购方式为乙方或乙方指定的第三方受让甲方持有的标的公司股份。

（1）标的公司自本协议签订之日起五年内未能实现在上海证券交易所或深圳证券交易所首次公开发行股票并上市，或者与该等证券交易所的上市公司完成并购重组。

（2）标的公司或乙方出现重大诚信问题，或发生严重损害标的公司和甲方利益的行为，包括但不限于标的公司账外销售收入超过当年经审计营业收入的10%、通过交易转移公司利润、违反交易文件转移标的公司资产、违反交易文件违规对外担保等情形。

第三条 增资价格调整条款

3.1 本轮增资完成后，在甲方持有标的公司股份期间，若标的公司发行新股（不包括为完成上市而公开发行股票），标的公司投前估值不得低于本次增资扩股的投后估值。如标的公司以低于海宁海睿本次增资价格或复权后对应价格再次进行增资，则标的公司应按照公司法及其他相关规定的要求及时告知甲方该增资事宜，甲方有权要求本次增资价格随之调整，乙方应在30日内以现金补偿的方式向甲方支付价格调整后的差额部分。

第四条　其他特别约定

4.1　优先认购权及优先受让权

本次增资完成后，在首次公开发行股票并上市前，乙方在公司法、公司章程赋予的权利下保证（保证方式包括但不限于在股东大会上对相关议案投赞成或反对票等）甲方享有如下权益：1.如果标的公司发行股票、可转换债券等代表公司权益的证券，甲方在同等条件下对发行的股票、证券有权优先认购。2.如果乙方对外转让股份，甲方在同等条件下有优先受让权。本条规定不适用于公司为员工持股计划及期权计划而进行增资或转让的情形。

4.2　随售权

在标的公司首次公开发行股票并上市前，如乙方拟向任何第三方（"受让方"）通过协议定价交易方式出售或转让其持有的公司部分或全部股份，应提前30天通知甲方。在此情况下，甲方有权选择是否按相同的价格及条件向第三方出售其持有标的公司的全部或部分股份，且乙方应该保证受让方按受让乙方的价格优先受让甲方拟出让的股份，且只有在甲方拟出售的全部或部分股份转让后，乙方才可根据受让方拟受让的股份总数减去甲方出售的股份，再向受让方转让相应的股份。若乙方协议转让股份的价格低于甲方本次增资价格以及按年化6%计算的收益时，甲方在行使随售权时有权要求乙方在30天内以现金向甲方补足转让股份所涉股价差额。

4.3 标的公司被上市公司收购

标的公司通过被上市公司收购实现上市时，若标的公司被收购时的价格低于甲方本次增资价格以及按年化6%计算的收益时，乙方应在交易完成后30天内以现金方式向甲方补足上述差额。

4.4 优先清算权

本条约定的"视为清算"情形发生时，乙方承诺，甲方按照届时持有标的公司股权比例有优先于乙方的清算权。

4.4.1 乙方不得先于海宁海睿分配公司剩余净资产。

4.4.2 乙方应将其清算所取得的资产，优先用于补偿甲方的损失（甲方的损失=甲方的投资总额-甲方通过清算取得的资产-公司历年累计向甲方实际支付的股息和红利）。

4.5 在标的公司首次公开发行股票并上市前做出以下特别约定

本次增资完成后，在标的公司首次公开发行股票并上市之前，除非董事会同意，乙方不得将其直接或间接持有的公司及其下属子公司的股权质押给第三方，为标的公司正常业务融资而提供的质押担保除外。

…………

8.3 各方同意，自标的公司启动首次公开发行股票并上市申报之日起（以中国证券监督管理委员会受理公司首次公开发行股票并上市申报回执之日期为准），回购条款暂停执行。如果标的公司首次公开发行股票并上市失败，回购条款自动恢复执行。如果标的公司首次公开发行股票并上市申请获得中国证券监督管理委员会及证券交易所审核通过并实现公开发行股票和上市，回购条款自标的公司股票上市交易之日起自动失效。

审议程序及信息披露：2021年9月7日，发行人召开2021年第三次股东大会，审议通过《关于追认公司实际控制人马金星、董兰波与海宁海睿产业投资合伙企业（有限合伙）签订〈增资协议X增资协议之补充协议〉及〈关于增资协议和增资协议之补充协议之补充协议〉的议案》，并于同日在全国股转系统信息披露平台公告了2021年第三次股东大会决议，对以上内容予以披露。

第五，《关于〈江苏威博液压股份有限公司之增资协议〉及〈江苏威博液压股份有限公司之增资协议之补充协议〉之补充协议》。

签订主体、签订时间、签订背景：2021年3月30日，海宁海睿与马金星、董兰波、威博液压、豪信液压、众博信息签署《关于〈江苏威博液压股份有限公司之增资协议〉及〈江苏威博液压股份有限公司之增资协议之补充协议〉之补充协议》，签订背景为各方协商一致认可公司向全国股转系统申报向不特定投资者公开发行股票并于精选层挂牌事项，不需要再履行特殊投资条款。

主要内容：协议内容主要为各方共同确认：第一，马金星、董兰波已履行完毕《增资协议之补充协议》约定之业绩承诺。第二，各方协商一致同意《增资协议》第六条第二款"二、乙方和丙方（威博液压、马金星、董兰波）共同向投资方保证和承诺如下"中的竞业禁止条款、股权转让限制条款、无行政处罚承诺以及税款社保等补缴承诺（若有），于本协议生效后终止，其约定的内容均不再对各方具有约束力，各方均不再执行且互不承担违约责任，《增资协议》中其他内容继续有效。第三，各方协商一致同意《增资协议之补充协议》全部内容于本协议生效后终止，其约定的内容均不再对各方具有约束力，各方均不再执行且互不承担违约责任。

③审议程序及信息披露：2021年9月7日，发行人召开2021年第三次股东大会，对《关于〈江苏威博液压股份有限公司之增资协议〉及〈江苏威博液压股份有限公司之增资协议之补充协议〉之补充协议》的签订履行了审议程序，并于同日在全国股转系统信息披露平台公告披露。

对照监管要求，说明上述投资条款是否符合监管要求。

《挂牌公司股票发行常见问题解答（四）——特殊投资条款》由全国股转公司于2019年4月19日发布，晚于公司该次定向发行时间，该次定向发行当时已发布《挂牌公司股票发行常见问题解答（三）——募集资金管理、认购协议中特殊条款、特殊类型挂牌公司融资》。参照《问答四》以及根据《问答三》的相关要求，上述特殊投资条款存在如下不符合监管要求的情形。

①部分特殊投资条款内容不符合要求。与海宁海睿签订的《增资协议》中存在将挂牌公司作为特殊投资条款所属协议当事人的情形，存在不符合相关法律法规规定的查阅权、知情权等条款以

及可能损害公司或者其股东合法权益的特殊投资条款；与海宁海睿签订的《增资协议之补充协议》中存在限制挂牌公司未来股票发行融资的价格或发行对象的情形。

②部分特殊投资条款未经过公司董事会、股东大会审议通过。《增资协议》《增资协议之补充协议》于签署时未履行相关审议程序，根据实际控制人的说明，2017年4月5日公司股票在全国股转系统首次挂牌并公开转让，2017年8月公司即启动股票定向发行融资工作，实际控制人对于全国股转系统相关规则不熟悉，对于相关责任主体特殊投资条款签订情况应履行的核查义务较为生疏，故未向当时主办券商及定向发行律师告知签订《增资协议》和《增资协议之补充协议》的相关情况。

③公司未就部分特殊投资条款及时履行信息披露义务。公司在《增资协议》《增资协议之补充协议》签署生效之时未履行信息披露义务，未于股票发行情况报告书中完整披露特殊条款内容。

因此，《增资协议》及《增资协议之补充协议》中的特殊投资条款内容存在不符合相关要求的情形，且未履行相关审议程序及披露义务。2021年3月30日，海宁海睿与马金星、董兰波、威博液压、豪信液压、众博信息签署《关于〈江苏威博液压股份有限公司之增资协议〉及〈江苏威博液压股份有限公司之增资协议之补充协议〉之补充协议》，明确终止《增资协议之补充协议》所有的特殊条款以及《增资协议》中涉及发行人承担责任的条款，上述不符合监管要求的特殊条款内容已全部终止；2021年9月7日，发行人召开2021年第三次股东大会，审议通过《关于追认公司实际控制人马金星、董兰波与海宁海睿产业投资合伙企业（有限合伙）签订〈增资协议〉〈增资协议之补充协议〉及〈关于增资协议和增资协议之补充协议之补充协议〉的议案》，对《增资协议》《增资协议之补充协议》的签订予以追认以及补充披露。截至本回复出具日，发行人已对上述不符合定向发行相关业务规则的情形予以补正。

（2）补充披露协议的效力调整情况

补充披露上述协议具体的效力调整情况，目前仍有效的条款的主要内容，已终止的特殊投资条款是否彻底终止、是否为附条件终止、是否存在其他替代性利益安排，相关调整是否履行审议程序及信息披露义务，是否符合发行人公司章程及《公司法》相关规定。

根据海宁海睿与马金星、董兰波、威博液压、豪信液压、众博信息于2021年3月30日签订的《关于〈江苏威博液压股份有限公司之增资协议〉及〈江苏威博液压股份有限公司之增资协议之补充协议〉之补充协议》，《增资协议》涉及的特殊投资条款"乙方和丙方（威博液压、马金星、董兰波）共同向投资方保证和承诺如下"中的竞业禁止条款、股权转让限制条款、无行政处罚承诺以及税款社保等补缴承诺（若有）终止，不再发生效力；《增资协议之补充协议》全部终止，不再发生效力。

2021年8月20日海宁海睿出具《关于特殊条款的确认函》，为保障威博液压全体股东的利益以及信息披露的合法合规性，明确自愿放弃《增资协议》第六条中约定的知情权和查阅权相关内容以及其他违反相关法律法规规定（如有）的内容，自始不再发生效力，将仅通过威博液压合法的信息披露途径获取相关信息。

2021年9月3日，经开创投、科创产投与实际控制人马金星、董兰波签署《终止协议》，约定《回购协议》及《回购协议之补充协议》自《终止协议》生效后全部终止，其约定的内容均不再对各方具有约束力，各方均不再执行且互不承担违约责任；针对已触发股份回购的事项，确认不主张履行回购义务，且自愿放弃提出任何股份回购主张，确认对《回购协议》及《回购协议之补充协议》不存在纠纷或潜在纠纷；同时解除《关于〈江苏威博液压股份有限公司之回购协议〉及〈江苏威博液压股份有限公司回购协议之补充协议〉之补充协议》全部内容，自始不发生效力。

2021年9月1日和9月3日，科创产投、经开创投分别出具《关于特殊条款的确认函》，针对已经触发回购情形的，免除公司及实际控制人的违约责任，且均不再要求威博液压、威博液压的实际控制人及其他股东履行回购股份等义务，威博液压、威博液压的实际控制人及其他股东不存在应履行未履行的义务，各方不存在纠纷或潜在纠纷。根据《终止协议》，相关对赌条款、特殊投资条款均已全部彻底终止且未来亦不再恢复法律效力，并对任何一方均不再具有约束力。

根据公司及实际控制人说明，截至本招股说明书签署日，以上已终止的特殊投资条款已全部彻底终止，不属于附条件终止，不存在其他替代性利益安排。

2021年9月7日，发行人召开2021年第三次股东大会，审议通过《关于追认公司实际控制人马金星、董兰波与海宁海睿产业投资合伙企业（有限合伙）签订〈增资协议X增资协议之补充协议〉及〈关于增资协议和增资协议之补充协议之补充协议〉的议案》和《关于公司实际控制人马金星、董兰波与淮安经开创业投资有限公司、淮安科创产业投资有限公司签订〈终止协议〉的议案》，并于同日在全国股转系统信息披露平台公告了2021年第三次股东大会决议，对以上内容予以披露。

以上协议的终止安排符合发行人公司章程及《公司法》相关规定；《关于〈江苏威博液压股份有限公司之增资协议〉及〈江苏威博液压股份有限公司之增资协议之补充协议〉之补充协议》未及时履行审议及信息披露义务不符合发行人及全国股转系统信息披露管理规定，发行人于2021年9月7日召开的2021年第三次股东大会予以审议披露，对该不合规情况进行了修正；《终止协议》的签订及时履行了审议程序及信息披露义务，符合发行人公司章程及《公司法》相关规定。

（3）说明触发对赌协议生效的情形

结合自身实际情况，逐项说明报告期内是否存在触发对赌协议生效的情形，上述各机构股东是否要求发行人、发行人的实际控制人及其他股东履行回购股份等义务，发行人、发行人的实际控制人及其他股东是否存在应履行未履行的义务，各方是否存在纠纷或潜在纠纷。

经开创投、科创产投与马金星、董兰波签署的《回购协议》

中存在触发对赌协议生效的情形，具体条款为："自《回购协议》签订之日起三年之内，公司不能向中国证券监督管理委员会或证券交易所递交IPO审核的相关材料。"其他协议与条款不存在触发对赌协议生效的情形。

虽存在触发上述部分对赌条款生效的情形，但经开创投、科创产投均未要求发行人的实际控制人及其他股东履行回购股份等义务，且根据发行人与经开创投、科创产投签订的《终止协议》以及经开创投、科创产投、海宁海睿分别出具的《关于特殊条款的确认函》，均明确约定，自特殊条款生效至确认函出具日，经开创投、科创产投针对已经触发回购情形的，免除公司及实际控制人的违约责任，不再要求发行人的实际控制人及其他股东履行回购股份等义务；截至确认函出具日，海宁海睿与发行人、实际控制人签署的各协议中均不存在触发回购或其他特殊投资条款内容的情形，也不存在任何违约情形、纠纷或争议。发行人、发行人的实际控制人及其他股东不存在应履行未履行的义务，各方不存在纠纷或潜在纠纷。

（4）说明发行人股权的情况

结合上述事项说明发行人股权是否存在纠纷或潜在纠纷，是否可能影响控制权的稳定性，是否存在影响发行人持续经营能力或者投资者权益的情形，有针对性地披露相关风险因素，视情况进行重大事项提示。

公司实际控制人马金星、董兰波通过直接及间接合计控制发行人30493717股股份，占公司股本总额的78.1890%；经开创投持有发行人235万股股份，占发行人股本总额的6.0256%；科创产投持有发行人235万股股份，占发行人股本总额的6.0256%。

根据马金星、董兰波与经开创投、科创产投签订的《终止协议》及经开创投、科创产投出具的《关于特殊条款的确认函》，相关对赌条款、特殊投资条款均已全部终止，对所持有的发行人股权不存在纠纷或潜在纠纷。根据公司、马金星、董兰波、豪信液压、众博信息与海宁海睿签订的《关于〈江苏威博液压股份有限公司之增资协议〉及〈江苏威博液压股份有限公司之增资协议之补充协议〉之补充协议》以及海宁海睿出具的《关于特殊条款的确认函》，相关对赌条款、特殊投资条款内容已全部终止，对所持有的发行人股权不存在纠纷或潜在纠纷。

2021年9月15日，全国中小企业股份转让系统出具了《关于对江苏威博液压股份有限公司及相关责任主体采取自律监管措施的决定》（股转系统融一监函[2021]9号），因公司、马金星、董兰波未将上述事项告知主办券商，也未履行相关信息披露义务，对公司、马金星、董兰波采取出具警示函的自律监管措施。

鉴于该警示函系全国中小企业股份转让系统根据《全国中小企业股份转让系统业务规则（试行）》和《全国中小企业股份转让系统自律监管措施和纪律处分实施细则》而采取的自律监管措施，不属于公开谴责的情形，也不属于中国证监会及其派出机构采取的行政处罚；公司已采取措施及时主动在招股说明书中披露了特殊条款，不存在通过不履行信息披露义务损害公司及股东权益的情形。故该次自律监管措施不会对本次公开发行股票并在北京证券交易所上市构成重大不利影响和实质性障碍。

因此，上述协议及事项不存在可能导致发行人股权存在纠纷或潜在纠纷的情形，不存在可能影响控制权变化的情形，不存在影响发行人持续经营能力或者投资者权益的情形。

（5）补充披露主要股东限售情况

补充披露经开创投和科创产投是否受同一实际控制人控制，并根据《全国中小企业股份转让系统股票向不特定合格投资者公开发行并在精选层挂牌业务指南1号——申报与审查》等规定核对关于主要股东限售情况的信息披露是否准确。

根据经开创投和科创产投的股权结构，两企业实际控制人均为淮安市人民政府，受同一实际控制人控制。

根据《公司法》第二百一十六条规定："关联关系，是指公司控股股东、实际控制人、董事、监事、高级管理人员与其直接或者间接控制的企业之间的关系，以及可能导致公司利益转移的其他关系。但是，国家控股的企业之间不仅因为同受国家控股而具有关联关系。"经开创投、科创产投不因受淮安市人民政府控制而具有关联关系。同时，根据经开创投、科创产投确认函，除均受淮安市人民政府实际控制外，经开创投、科创产投由不同国有出资企业控股，双方独立运行决策，互不影响，不存在关联关系。

根据《北京证券交易所股票上市规则（试行）》第2.4.2条规定：上市公司控股股东、实际控制人及其亲属，以及上市前直接持有10%以上股份的股东或虽未直接持有但可实际支配10%以上股份表决权的相关主体，持有或控制的本公司向不特定合格投资者公开发行前的股份，自公开发行并上市之日起12个月内不得转让或委托他人代为管理。第2.4.16条规定上市公司股东所持股份应当与其一致行动人所持股份合并计算，一致行动人的认定适用《上市公司收购管理办法》的规定。因经开创投和科创产投同受淮安市人民政府控制，故经开创投和科创产投出具《关于所持股份的流通限制及股份锁定的承诺函》，内容如下。

①本公司将遵守《中华人民共和国公司法》《中华人民共和国证券法》和有关法律、法规，以及中国证监会规章、规范性文件和北京证券交易所业务规则中关于股份变动的相关规定。本公司减持股份将按照法律、法规和上述规定，以及北交所相关规则，真实、准确、完整、及时履行信息披露义务。

②自公司本次发行上市之日起12个月内，不转让或者委托他人管理本次发行上市前本公司直接或间接持有的公司股份，也不由公司回购上述股份。若因发行人进行权益分派等导致本公司持有的发行人股份发生变化的，本公司仍将遵守上述承诺。

③自公司审议本次发行上市的股东大会的股权登记日次日起，至公司完成股票发行并上市之日，将根据《公司法》及相关法律法规和《公司章程》的有关规定，不转让或者委托他人代为管理本公司直接或间接持有的公司股份。若本公司在上述期间新增股份，本公司将于新增股份当日向公司和主办券商报告，并承诺在办理完成新增股份限售前不转让新增股份。若因公司进行权益分派导致本公司持有的公司股份发生变化的，本公司仍将遵守上述承

诺。若公司终止其股票在北交所上市事项的，本公司可以申请解除上述限售承诺。

④自本承诺函出具后，如国家或行业出台了新的相关法律、法规、规范性文件，或者中国证监会、北京证券交易所就股份的流通限制及股份锁定出台了新的规定或措施，且上述承诺不能满足证券监管部门的相关要求时，本公司承诺届时将按照相关规定出具补充承诺或重新出具新的承诺。

⑤本公司承诺，如计划通过集中竞价交易减持所持有公司股份的，应当及时通知公司，并按照下列规定履行信息披露义务：第一，在首次卖出股份的15个交易日前预先披露减持计划，每次披露的减持时间区间不得超过6个月；第二，拟在3个月内卖出股份总数超过公司股份总数1%的，除按照前述规定履行披露义务外，还应当在首次卖出的30个交易日前预先披露减持计划；第三，在减持时间区间内，减持数量过半或减持时间过半时，披露减持进展情况；第四，在股份减持计划实施完毕或者披露的减持时间区间届满后及时公告具体减持情况。但本公司通过北交所和全国股转系统的竞价或做市交易买入公司股份，其减持不适用本条内容。

⑥本公司所持股份的限售、减持及其他股份变动事宜，将遵守《公司法》《证券法》，以及《上市公司股东、董监高减持股份的若干规定》《北京券交易所股票上市规则（试行）》等中国证监会和北交所关于上市公司股份变动的相关规定。

⑦如本公司违反上述承诺，本公司愿承担因此而产生的一切法律责任。

6.2.6 同业竞争（泓禧科技，871857）

1.北交所审核问题——补充披露是否存在同业竞争

根据公开发行说明书，发行人控股股东、实际控制人除已明确未开展实际经营的企业外，还控制泓淋电力、威海晨松、中国香港泓淋、韩国泓淋、泰国泓淋、中国台湾泓淋、德州锦城、常熟泓博、中国台湾台北泓博、缅甸泓博等多家公司。

2.请发行人说明

①补充披露上述企业的实际经营业务，说明发行人是否简单依据经营范围对同业竞争做出判断，是否仅以经营区域、细分产品或服务、细分市场的不同来认定不构成同业竞争。

②补充披露上述企业资产、人员、业务和技术等方面与发行人的关系，采购销售渠道、客户、供应商等方面是否影响发行人的独立性，是否与发行人存在共同生产、共用采购、销售渠道、通用原材料、为发行人提供外协的情形，是否存在为发行人分担成本费用的情形。

③说明是否已经审慎核查并完整披露发行人控股股东、实际控制人及其亲属直接或间接控制的全部企业与发行人是否存在同业竞争。

④如认定存在同业竞争，请结合《全国中小企业股份转让系统精选层挂牌审查问答（一）》等相关规定，补充披露是否构成重大不利影响的同业竞争，以及未来对相关构成同业竞争的资产、业

务的安排。

3.发行人回复

（1）补充披露企业的实际经营业务

补充披露上述企业的实际经营业务，说明发行人是否简单依据经营范围对同业竞争做出判断，是否仅以经营区域、细分产品或服务、细分市场的不同来认定不构成同业竞争。

回复如下：

控股股东、实际控制人及其控制的企业基本情况如表6-30所示。

表6-30　企业基本情况表

序号	企业名称	关联关系	实际经营业务
1	泓淋集团	实际控制人持股90.00%	仅作为持股公司，未实际开展生产经营
1-1	威海明博	泓淋集团持股100.00%	仅作为持股公司，未实际开展生产经营
1-1-1	泓淋电力	威海明博持股70.54%	电源线组件、特种线缆的研发、生产与销售
1-1-1-1	威海裕博	泓淋电力持股100.00%	仅持有土地房产，未实际开展生产经营
1-1-1-2	威海兴博	泓淋电力持股100.00%	仅持有土地房产，未实际开展生产经营
1-1-1-3	威海晨松	泓淋电力持股100.00%	泓淋电力的原材料采购
1-1-1-4	中国香港泓淋	泓淋电力持股100.00%	泓淋电力产品的海外销售
1-1-1-5	韩国泓淋	泓淋电力持股100.00%	泓淋电力产品在韩国的销售
1-1-1-6	泰国泓淋	泓淋电力持股100.00%	泓淋电力产品的生产与销售

续表

序号	企业名称	关联关系	实际经营业务
1-1-1-6-1	中国台湾泓淋	泰国泓淋持股80.00%	泓淋电力产品的海外销售
1-2	泓淋通讯	泓淋集团持股100.00%	仅持有土地房产，未实际开展生产经营
1-3	重庆淋博	泓淋集团持股100.00%	仅作为持股公司，未实际开展生产经营
1-3-1	常熟连接技术	重庆淋博持股100.00%	仅持有土地房产，未实际开展生产经营
1-3-2	德州锦城	重庆淋博持股71.54%	汽车线束的组装、销售
1-3-3	常熟泓博	重庆淋博持股77.45%	天线等无线通信组件、FFC软排线等信号组件产品的研发、生产与销售
1-3-3-1	中国台湾台北泓博	常熟泓博持股100.00%	天线等无线通信组件研发、销售
1-3-3-2	缅甸泓博	常熟泓博持股90.00%	天线等无线通信组件、FFC软排线等信号组件产品的生产和销售
1-3-3-3	EIV GLOBAL	常熟泓博持股100.00%	天线等无线通信组件的销售
1-3-3-3-1	新越科技	EIV GLOBAL持股100.00%	天线等无线通信组件、FFC软排线等信号组件产品的生产和销售
2	BVI晨淋	实际控制人持股100.00%	仅作为持股公司，未实际开展生产经营

发行人实际控制人迟少林直接持有泓淋集团90%股权，并通过泓淋集团、威海明博间接控制泓淋电力及其子公司所运营的电源线组件、特种线缆业务板块，通过泓淋集团、重庆淋博间接控制德州锦城所运营的汽车线束业务板块，通过泓淋集团、重庆淋博间接控制常熟泓博及其子公司所运营的天线、FFC软排线业务板块，通过泓淋集团、重庆淋博、常熟泓博间接控制发行人运营的高精度电子线组件、微型扬声器业务板块。

上述关联企业中，泓淋集团、威海明博、威海裕博、威海兴博、泓淋通讯、重庆淋博、常熟连接技术和BVI晨淋无实际生产经营。除上述无实际生产经营的关联企业外，发行人实际控制人控制的从事实际生产经营的企业与发行人存在明显差异，具体如下：泓淋电力及其控制的公司主要产品为电源线组件、特种线缆；德州锦城主要产品为汽车线束；常熟泓博（包括中国台湾台北泓博、缅甸泓博、EIV GLOBAL、新越科技）主要产品为天线、FFC软排线等。上述关联企业与泓禧科技所处行业、主营业务、主要产品、产品形态、功能及用途、核心工序及生产设备方面均存在不同。

①发行人与泓淋电力及其控制的企业之间的同业竞争情况。

发行人从事以高精度电子线组件、微型扬声器为主的信号传输业务，泓淋电力及其控制的公司从事以电源线组件、特种线缆产品为主的电能传输业务。信号传输与电能传输属于不同的领域。信号传输是将电流或电压经过调制后有规律的传输，目的是实现信息的传递；电能传输是通过传输介质的金属导体中带电电荷的定向移动来实现电能的传输，目的是实现能量的转移。因此，发行人与泓淋电力及其控制的企业不存在同业竞争的情形。

②发行人与德州锦城之间的同业竞争情况。

德州锦城为汽车线束组装厂商，属于汽车零部件及配件制造业。其主营业务为通过外采连接器、汽车线、传感器等相关汽车零部件组装为车身内部控制系统线束，销往重汽集团、长城集团等下游整车品牌客户，与发行人业务存在明显差异。因此，发行人与德州锦城之间不存在同业竞争的情形。

③发行人与常熟泓博之间的同业竞争情况。

常熟泓博（包括中国台湾台北泓博、缅甸泓博、E I V GLOBAL、新越科技，不包括泓禧科技）产品包括天线和FFC软排线产品，其中天线是常熟泓博的主要收入来源，2018年至2021年6月，FFC软排线产品占销售收入的比例均低于30%，具体如表6-31所示。

表 6-31　发行人与常熟泓博之间的同业竞争情况表

单位：万元

产品	2021 年 1～6 月		2020 年	
	销售金额	占比	销售金额	占比
天线	17113.47	72.51%	30652.31	74.05%
FFC 软排线	6399.12	27.11%	10672.00	25.78%
其他	87.58	0.37%	71.75	0.17%
销售总额	23600.17	100.00%	41396.06	100.00%
产品	2019 年		2018 年	
	销售金额	占比	销售金额	占比
天线	24087.84	78.27%	24222.34	77.79%
FFC 软排线	6645.62	21.59%	6825.67	21.92%
其他	42.20	0.14%	89.20	0.29%
销售总额	30775.65	100.00%	31137.20	100.00%

发行人主要产品为高精度电子线组件与微型扬声器。其中，微型扬声器与常熟泓博产品存在明显差异。高精度电子线组件与天线、FFC软排线的差异如下。

①高精度电子线组件与天线。

发行人的高精度电子线组件用于连接笔记本电脑的主板和显示器，属于有线传输，而常熟泓博的天线是通过电磁波的形式传递，属于无线传输。

有线传输与无线传输属于不同的领域。有线传输的原理是利用金属导线、光纤等有形媒质传送信息，强调对电信号和光信号的处理和传输；无线传输原理是通过电磁波可以在自由空间中传播的特性进行信息交换的一种通信方式，强调对电磁波信号的处理和传输。

发行人的高精度电子线组件主要在笔记本电脑内部，连接笔记本电脑的主板和显示器，进行数字、视频及音频信号的高保真传输，侧重传输效率、屏蔽效果及抗摇摆能力；常熟泓博的天线组件是发射或接收电磁波的部件，与无线模组相连接，可以将传输线上传播的导行波变换成在自由空间上传播的电磁波，工作原理主要是按照各个频段的协议频率进行工作，区分WLAN、GSM、CDMA、WCDMA、TD-SCDMA、LTE等不同的模式，其基本物理层属于电磁学，其研发是按照对应终端设备所需要的工作频率及终端设备的内部环境进行设计的。

②高精度电子线组件与FFC软排线。

发行人的高精度电子线组件与常熟泓博的FFC软排线虽同属有线信号传输，但是在形态、工艺、功能及用途、技术、设备、市场和客户等方面具有较大差异。

FFC软排线应用在LG、TCL、创维等客户产品的型号包括超薄UHDTV55英寸/65英寸，4K高清80英寸OLED55C2/65C2，超薄50英寸/55英寸/65英寸高清液晶电视，60英寸4K高清液晶电视等。

综上所述，发行人的高精度电子线组件与常熟泓博的天线属于不同信号传输方式，具有明显差异。高精度电子线组件与FFC软排线虽同属有线信号传输，但是一方面两者在形态、工艺、技术、设备、市场和客户等方面具有明显差异，另一方面FFC软排线在常熟泓博中收入占比较小，且发行人与常熟泓博独立运营，研发、生产、销售人员等均不存在重合。因此，发行人与常熟泓博之间不存在同业竞争。

发行人综合上述企业的所处行业、主营业务、主要产品、功能及用途、核心工序及生产设备等方面，判断发行人与上述企业不构成同业竞争，不存在简单依据经营范围对同业竞争做出判断，不存在仅以经营区域、细分产品或服务、细分市场的不同来认定不构成同业竞争的情形。

（2）补充披露多个主体与发行的关系

补充披露上述企业资产、人员、业务和技术等方面与发行人的关系，采购销售渠道、客户、供应商等方面是否影响发行人的独立性；用原材料，以及为发行人提供外协的情形，是否存在为发行人分担成本费用的情形。

回复如下：

发行人自设立以来，严格按照《公司法》《证券法》等有关法律、法规及公司章程的要求规范运作，在资产、人员、业务和技术、采购渠道及供应商、销售渠道及客户等方面均独立于公司控股股东、实际控制人控制的其他企业，具有完整的业务体系以及面向市场独立经营的能力。

①资产完整。

发行人拥有开展生产经营所必备的独立完整的资产，具备与经营有关的业务体系及相关资产，合法拥有与生产经营有关的土地、厂房、机器设备以及专利等资产，发行人的核心资产独立于上述企业。

发行人资产权属清晰、完整，对所拥有的资产具有完全的控制支配权，不存在以资产、权益或信誉为控股股东、实际控制人及其控制的其他企业债务提供担保的情形。截至报告期末，发行人不存在资产、资金被控股股东、实际控制人控制的其他企业占用而损害发行人利益的情况。

②人员独立。

发行人董事、监事及高级管理人员均严格按照《公司法》、公司章程规定的程序推选和任免，不存在股东超越公司股东大会和董事会作出人事任免决定的情况。报告期末，发行人的总经理、副总经理、财务负责人和董事会秘书等高级管理人员未在上述关联方中担任除董事、监事以外的其他职务，也未在上述关联方处领发行人的财务人员也不存在在上述关联方中兼职的情形；公司人员独立于上述关联方。

发行人与上述企业的业务均由不同管理团队独立运营，研发、生产、采购、销售、财务人员不存在交叉任职的情形。

③业务独立。

发行人主要从事高精度电子线组件、微型电声器件的设计、研发、生产和销售。发行人拥有独立完整的业务经营体系和直接面向市场独立经营的能力，业务独立于控股股东、实际控制人控制的其他企业，不存在依赖上述关联企业进行生产经营活动的情况，与控股股东、实际控制人控制的其他企业间不存在竞争关系或者显失公平的关联交易。

④技术独立。

发行人拥有与主营业务相关的核心技术和研发体系，不存在与上述关联企业核心技术混同或技术依赖的情形。且发行人与上述关联企业的核心技术人员亦不存在交叉任职的情形，不存在影响技术独立性的情形。

综上所述，发行人与上述企业在资产、人员、业务和技术等方面均相互独立，不存在影响独立性的情形。

（3）说明发行人分担费用的情形

对于是否与发行人共同生产，共用采购、销售渠道、通用原材料，以及为发行人提供外协的情形，是否存在为发行人分担成本费用情形的分析。

①生产及外协方面。

发行人与上述企业独立拥有各自生产场所、设施及人员，不存在共用生产系统的情形，上述企业不存在为发行人提供外协的情形。

②采购渠道及通用原材料方面。

发行人建立了完善的供应商现场考察、审查、评价和认证等供应商管理体系，具备独立进行供应商的准入判断与管理能力，拥有采购业务的自主经营决策权且独立进行结算，不存在与上述企业共用采购渠道的情形。

报告期内，发行人与常熟泓博存在主要供应商（爱沛电子）重叠的情形，主要系采购连接器配套部件等产品所致。爱沛电子为日本上市公司，为国际知名的精密连接器产品制造商。2020年，爱沛电子销售额545亿日元，营业利润29亿日元，其本身业务规模较大，除开发、制造、销售I-PEX的连接器、传感器及半导体制造设备等，还代工生产汽车零部件、精密成型品及各种制造装置。

发行人存在与常熟泓博分别向爱沛电子同一集团下不同子公司、不同采购体系进行采购的情形，由于双方所生产产品的差异，发行人与常熟泓博向爱沛电子采购相关产品不具有通用性。发行人与常熟泓博根据自身需求独立采购，采购合同均系独立签署、单独议价，采购价格均系依据市场价格确定，采购业务团队相互独立，不存在捆绑采购或共同议价的情形，不存在共用采购系统的情形，双方的采购渠道彼此独立，不存在混同情形。

报告期内，发行人向爱沛电子采购金额为167.68万元、900.37万元、308.59万元和377.92万元，占采购总额的比例分别为0.92%、3.77%、1.17%和2.16%，金额及占比较低。发行人向爱沛电子采购的材料价格均依据市场价格协商确定，价格公允。

③销售渠道方面、客户方面。

发行人已构建独立完整的销售体系，具备独立进行客户的开拓与维护能力，拥有销售业务的自主决策权且独立进行结算，不存在与上述企业共用销售渠道的情形，不存在影响发行人独立性的情形。

报告期内，发行人与常熟泓博存在主要客户（仁宝、英业达、广达均）重叠的情形。仁宝、英业达、广达均为全球知名大型笔记本电脑代工厂商，实力雄厚，多采取跨领域经营的商业模式，其拥有不同的采购团队及采购人员负责不同主体的采购需求，各采购团队的采购流程独立，采购结算独立。

发行人向上述客户销售的产品为极细同轴线组件、极细铁氟龙线组件、其他高精度电子线组件和微型扬声器，与常熟泓博销往上述客户的天线产品存在明显差异。发行人与常熟泓博根据自身业务需要独立进行销售，与上述客户销售合同均系独立签署、单独议价，销售业务团队相互独立，不存在捆绑销售或共同议价情形，不存在共用销售系统的情形，双方的销售渠道彼此独立，不存在混同情形。发行人向上述重叠客户销售的产品价格均依据市场价格协商确定，价格公允。

④上述企业是否存在为发行人分担成本费用的情形。

发行人已经严格按照《公司法》《证券法》等有关法律法规和公司章程的要求规范运作、独立核算，在资产、人员、业务和技术、采购渠道及供应商、销售渠道及客户等方面与控股股东、实际控制人控制的其他企业均相互独立。

上述企业不存在与发行人共同生产或为发行人提供外协的情形；虽存在重叠供应商，但重叠供应商爱沛电子为日本上市公司，发行人与上述企业分别对应重叠供应商集团内不同的子公司及不同的销售体系，所采购产品不具有通用性，具有明显差异，且发行人与重叠供应商无关联关系，采购价格根据市场价格确定，定价公允；虽存在重叠客户，但仁宝、英业达、广达均为国际知名客户，发行人与上述企业分别对应客户不同的采购体系与不同的供应商认证标准，向重叠客户销售的产品存在显著差异，且发行人与重叠客户无关联关系，销售价格根据市场价格确定，定价公允。

综上所述，上述企业不存在为发行人分担成本费用的情形。发行人具有独立完整的业务体系和直接面向市场独立经营的能力，独立性不存在缺陷。

（4）说明是否存在同业竞争的情况

说明是否已经审慎核查并完整披露发行人控股股东、实际控制人及其亲属直接或间接控制的全部企业与发行人是否存在同业竞争。

回复如下：

保荐机构及发行人律师通过核查发行人控股股东、实际控制人填写的调查表、股权结构图，查询公开信息，核查上述企业及主要人员的资金流水等方式，已审慎核查并完整披露了发行人控股股东、实际控制人及其亲属直接或间接控制的全部企业，上述企业与发行人不存在同业竞争的情况。

如认定存在同业竞争，请结合《全国中小企业股份转让系统精选层挂牌审查问答（一）》等相关规定，补充披露是否构成重大不利影响的同业竞争，以及未来对相关构成同业竞争的资产、业务的安排。

回复如下：

如上所述，发行人控股股东、实际控制人及其亲属直接或间接控制的企业与发行人之间不存在同业竞争。